EXPOSÉ SOMMAIRE

DE QUELQUES

MODIFICATIONS

A APPORTER

DANS L'ORGANISATION ET L'ENSEIGNEMENT

DES COLLÉGES COMMUNAUX

DES MAITRES D'ÉTUDES, — DES PENSIONNATS DANS LES COLLÉGES,
DU RECRUTEMENT DES PROFESSEURS

PAR

Auguste MAGNIEN

TOURNUS.

IMPRIMERIE D. BELLENAND

1880

MODIFICATIONS

DANS L'ORGANISATION ET L'ENSEIGNEMENT

DES COLLÉGES COMMUNAUX

EXPOSÉ SOMMAIRE

DE QUELQUES

MODIFICATIONS

A APPORTER

DANS L'ORGANISATION ET L'ENSEIGNEMENT

DES COLLÉGES COMMUNAUX

DES MAITRES D'ÉTUDES, — DES PENSIONNATS DANS LES COLLÉGES,
DU RECRUTEMENT DES PROFESSEURS

PAR

Auguste MAGNIEN

T. URNUS

IMPRIMERIE D. BELLENAND

1880

A Monsieur Victor Duruy

*Notre illustre et libéral ancien Ministre de l'Instruction
publique*

HOMMAGE

DE MA PROFONDE RECONNAISSANCE

Auguste MAGNIEN,

Ancien Principal de Collége,
et, grâce à son insigne bienveillance,
Officier de l'Instruction publique.

Trémont près Tournus, le 1er décembre 1879

PRÉFACE

Dans un moment où le projet de loi de M. Jules Ferry intéresse si vivement les pères de famille et ne laisse pas d'en alarmer un grand nombre par les dispositions de l'article 7, qu'il me soit permis de rappeler la brochure que j'ai publiée, il y a quelques années, sur la liberté d'enseignement et le baccalauréat.

Je crois toujours que la voie que j'ai indiquée est la seule qui puisse faire arriver à calmer toutes les inquiétudes et à concilier tous les intérêts, tant ceux de l'Etat que ceux des pères de famille.

Dans cette brochure, dont quelques exemplaires ont été déposés à la bibliothèque de l'ancienne Chambre législative par son président d'alors, M. Schneider, je propose une série de certificats d'études tendant au même but que M. Jules Ferry veut, je pense, atteindre, la sécurité et la vérité dans l'enseignement, mais avec cette différence que mes propositions n'apportent aucune entrave à la liberté des pères de famille dans le choix des maîtres et des maisons d'éducation qu'ils préfèrent pour leurs enfants ; qu'elles maintiennent néanmoins à l'Etat la direction des études, en lui donnant encore les moyens d'étendre cette direction à tous les établissements d'instruction privés et publics, universitaires et religieux, et par là d'exercer une influence plus générale et plus certaine sur l'éducation nationale de la jeunesse.

C'est une première satisfaction que j'ai voulu donner, en prenant ma retraite, à mon désir depuis longtemps éprouvé, de signaler les abus qu'on peut faire impunément d'une liberté d'enseignement, telle qu'elle existe aujourd'hui, sans contrôle et sans garanties, et dont les colléges communaux ont le plus particulièrement à souffrir.

Cette seconde brochure, qui n'est que la première partie d'un travail plus étendu (1), traite de questions moins générales, mais très délicates et difficiles, intéressant particulièrement les colléges communaux, établissements trop négligés jusqu'ici des pouvoirs publics ; je voudrais faire comprendre les services qu'ils peuvent rendre à la société, aux classes moyennes surtout, par l'organisation et les méthodes d'enseignement que je propose.

Je sais que ma faible voix, si elle reste isolée, aura, comme la première fois, beaucoup de peine à se faire entendre. Mais pour lui donner plus de force et d'autorité, j'espère que quelques-uns de mes anciens collègues, principaux et professeurs de collége, uniront la leur à la mienne en exposant aussi, de leur côté, ce qu'ils pensent de la situation de nos colléges et les améliorations qu'ils voudraient y voir introduire.

M. Jules Ferry a les meilleures intentions; aucun ministre ne s'est montré mieux disposé que lui pour le personnel de nos professeurs. Sa circulaire aux recteurs relative aux bourses pour la licence en est une nouvelle preuve toute récente. Secondons ses efforts; montrons-lui notre reconnaissance en lui faisant connaître librement et franchement tous nos besoins.

Puisse cet appel être entendu et mon exemple bientôt suivi par un grand nombre ! L'occasion est belle, ne la laissons pas échapper.

(1) Je me propose d'exposer dans une seconde partie, si ce premier travail est bien accueilli du public, les réformes que je croirais utile d'introduire dans l'organisation et l'enseignement des classes d'humanité.

AVANT-PROPOS

Le but qu'une ville se propose dans l'institution d'un collége doit être de donner aux enfants de la commune une instruction générale qui les prépare à toutes les carrières, selon les aptitudes reconnues de chacun d'eux et la volonté de leurs parents;

Et de plus, pour en faire des citoyens honnêtes, utiles et forts, de leur donner une éducation aussi complète que possible sous ces trois formes:

Éducation religieuse et morale,
Éducation intellectuelle,
Éducation physique,
lesquelles correspondent aux trois facultés de l'homme:

Facultés du cœur (sentiments),
Facultés de l'esprit (intelligence),
Facultés du corps (forces physiques),
d'où nécessairement :

Pour l'éducation religieuse, un aumônier, aidé, pour l'éducation morale, des autres professeurs et notamment du professeur d'histoire, qui, suivant l'élève depuis la septième jusqu'à la quatrième, dans les classes de grammaire, a mille occasions de développer le sens moral des enfants par le récit des beaux traits de vertus et d'héroïsme, et même par celui des crimes dont se souillent quelquefois les gouvernements et les peuples.

« L'histoire, a dit Fléchier, est la morale en actions. »

L'éducation intellectuelle me semblerait appartenir particulièrement aux professeurs de latin, que je réduis à deux seulement pour les classes de grammaire ; la langue latine est à mes yeux celle des langues mortes qui offre le plus de ressources pour le développement de toutes les facultés de l'esprit.

Enfin, l'éducation physique serait confiée à un maître spécial que je nommerais le *maître des jeux*.

Quant à l'instruction proprement dite, elle serait partagée entre les professeurs de français et de latin, d'histoire, de langues vivantes, de mathématiques ; les professeurs d'écriture et de dessin linéaire pour les élèves de septième et de sixième, de dessin d'imitation et d'ornement, de législation usuelle et commerciale et de tenue de livres pour les élèves de cinquième et quatrième.

Tel serait le personnel des professeurs d'un collège communal. A sa tête serait le Principal, chargé des intérêts de l'État, de la commune et des familles, responsable par ses fonctions de la bonne direction de l'établissement et de la force des élèves.

Développons cette thèse, que je diviserai en cinq chapitres.

Dans les deux premiers, je traiterai au point de vue de l'intérêt des familles et des études, de l'éducation et de l'instruction.

Dans les trois suivants, je dirai ce que je pense des maîtres d'études, du pensionnat dans les collèges et du recrutement des professeurs.

CHAPITRE PREMIER

ÉDUCATION RELIGIEUSE

De l'Aumônier

Les fonctions d'un aumônier dans nos collégcs sont très délicates. Elles ne peuvent être bien remplies que par un prêtre expérimenté, d'un esprit sage, d'un caractère aimable et indulgent, pénétré de l'importance de ses fonctions et s'y renfermant exclusivement en dehors des partis politiques qui peuvent s'agiter autour de lui.

C'est à l'aumônier qu'incombe plus particulièrement la responsabilité de la conduite morale des élèves. De son influence sur eux dépendent en grande partie la sécurité des parents et la paix de la maison, car lui seul peut le mieux connaître les penchants mauvais, les habitudes secrètes qui ne sont point souvent un vice du cœur dans le principe, que l'enfant contracte sans malice, par un entraînement quelquefois naturel, ignorant les funestes conséquences qu'elles peuvent avoir. L'aumônier seul peut en obtenir l'aveu par les moyens dont il dispose, et en arrêter à temps les progrès et la contagion.

Mais cet aveu, si pénible quelquefois à l'enfant, si humiliant, en certains cas, pour son orgueil, est un sacrifice, un premier devoir courageusement accompli;

d'un autre côté le calme de sa conscience après le pardon, le bien-être intérieur qu'il ressent, est un premier encouragement au bien : c'est le commencement de la vie, le moment de l'armer pour la lutte qui va s'ouvrir en lui entre ses bons et ses mauvais penchants, le moment aussi de ne plus le quitter, afin de le soutenir s'il faiblit, de le relever vite s'il succombe, et par d'énergiques et incessants efforts, d'en faire à la fin un vaillant cœur qui, plus tard, sous le regard de Dieu et des hommes, puisse en toutes circonstances conformer sa conduite à cette virile maxime profondément inculquée en lui dans son enfance : *Fais ce que dois, et advienne que pourra.*

A ce double point de vue, des mœurs et de la pratique du devoir, je le dis nettement, en vrai fils de l'Université, l'éducation religieuse, qui consiste à déposer dans le cœur des enfants les germes des vertus chrétiennes et à les féconder de plus en plus par une instruction appropriée à leur intelligence et à leur âge, est de première nécessité dans tout établissement d'instruction publique, et par conséquent dans nos colléges.

Cette instruction doit aussi, pour produire de meilleurs fruits, être la première à donner chaque jour. Elle comprend des leçons de catéchisme de sept heures à sept heures et demie pour les enfants qui n'ont pas fait leur première communion, de six heures à sept heures pour ceux qui se proposent de la faire dans le courant de l'année, et des conférences sur l'histoire et les principales vérités de la religion, le jeudi et le dimanche de chaque semaine, pour tous les autres élèves.

Je place les leçons de catéchisme avant l'ouverture des classes, pour deux raisons :

La première, c'est que, données dès le matin sous

l'invocation de Dieu, elles disposeront mieux les enfants aux différents travaux de la journée dans les classes ;

La seconde, c'est que parmi les élèves admis à suivre les cours du collège, il peut s'en trouver qui appartiennent à des familles non catholiques et qu'il faut leur donner la faculté de recevoir eux aussi, en dehors des classes, l'enseignement religieux qui convient à leurs parents.

ÉDUCATION INTELLECTUELLE

Des Professeurs de latin

J'entends par éducation intellectuelle le développement simultané et méthodique des principales facultés de l'esprit.

Exercer la mémoire des enfants, provoquer et soutenir leur attention, rectifier leur jugement, les habituer à réfléchir, et cela par des procédés, une méthode lente, mais rationnelle et qui n'avance qu'après s'être assurée que l'objet de l'enseignement a été bien compris de tous et mis en pratique dans de nombreux exercices, tel est, dans nos classes, l'objet et le but de l'éducation intellectuelle. Et comme, d'après un auteur anglais, « l'art du langage est celui qui contribue le « plus efficacement à perfectionner l'entendement hu- « main », c'est aux professeurs de latin, dans nos classes de grammaire, que cette éducation me semble devoir être dévolue de préférence.

Voici pourquoi :

La langue latine est une langue morte, c'est-à-dire qu'à la différence des langues vivantes, elle ne peut plus admettre ni une expression nouvelle, ni une modification quelconque dans les lois de la syntaxe.

Elle a de plus avec la nôtre une telle affinité, qu'en l'étudiant avec soin, on comprend mieux la valeur de nos mots, les nuances d'idées qu'ils représentent, et comment, par la suite des temps et des circonstances, ils ont plus ou moins dévié de leur origine.

D'une part, cette fixité immuable désormais des éléments qui constituent la langue latine, a cet avantage, pour l'éducation intellectuelle, de fournir des données certaines et qui intéressent à un égal degré toutes les facultés de l'esprit.

D'autre part, elle est pour nous, de race latine, un contrôle facile de notre propre langue, fertile en comparaisons, une ressource qu'aucune autre langue ne nous offrirait avec autant d'avantages.

Il ne suffit pas pour connaître une langue d'apprendre des mots et des règles, simple exercice de la mémoire qu'on cultive presque exclusivement dans nos colléges ; mais il est nécessaire de se rendre un compte exact de la valeur et de la nature des mots, de leur signification propre, de leurs rapports les uns avec les autres, et surtout avec le nom, soit dans la formation de la proposition, expression la plus simple de la pensée, soit dans la liaison des propositions entre elles, quand la pensée a besoin d'être complétée, selon les vues plus ou moins étendues de l'esprit.

Ainsi, pour cette règle très simple « l'adjectif s'accorde en genre et en nombre avec le nom auquel il se rapporte » que l'élève a déjà appris en français, le professeur ne se contentera pas d'enseigner qu'elle est la même en latin, mais il dira ce que c'est que l'adjectif, d'où lui vient cette dénomination et pourquoi il s'accorde avec le nom ; il dira ce que c'est que le nom, sa différence pour la forme avec le nom français, ce que représente le radical et le cas qui détermine en latin s'il est sujet ou complément dans la proposition ; il dira de plus ce que c'est que le verbe, et comment et pourquoi il s'accorde aussi avec le nom.

Enfin, ces trois mots, le nom, l'adjectif et le verbe, seront montrés comme nécessaires pour représenter les trois idées que l'esprit conçoit d'une personne ou d'une chose, quand il formule par une proposition le jugement qu'il en porte.

Mais cette étude raisonnée des mots se fera successivement sur le texte même de l'auteur, l'*Epitome historiæ sacræ* (petit chef-d'œuvre d'un excellent maître, qu'aucun autre livre, sous beaucoup de rapports, ne pourrait remplacer) en commençant par le nom, par l'adjectif ensuite et par le verbe, sans le secours d'aucune grammaire, afin de ne pas trop favoriser la mémoire au détriment des autres facultés de l'esprit que l'éducation intellectuelle a pour but de développer simultanément, mais avec l'aide de trois tableaux,

un tableau des déclinaisons,
un tableau des adjectifs,
un tableau des conjugaisons,

d'une page chacun, qui avec un quatrième

tableau de l'emploi des cas,

résumé de la syntaxe générale, d'une seule page également, seraient mis entre les mains des élèves dès le premier jour.

C'est avec le premier de ces tableaux et celui de l'emploi des cas que le professeur commencera l'étude du latin.

Il fera lire d'abord la première phrase de l'*Epitome* par un élève, en ayant soin qu'il observe dans la prononciation de chaque syllabe la quantité longue ou brève indiquée sur le texte ; puis il donnera la traduction de cette phrase et la fera répéter par les élèves, jusqu'à ce qu'ils l'aient bien lue en latin et bien comprise.

Après ce premier exercice, qui n'exige que de la mémoire et de l'attention, il appellera un enfant au tableau et lui fera écrire à la craie le mot *terram*, dont il donnera le génitif singulier, afin que l'élève puisse reconnaître au moyen de son tableau des cas à quelle déclinaison *terram* appartient.

Avant de continuer, le professeur dira de nouveau ce que c'est que le radical et le cas, comment se trouve le radical d'un nom, quelle est l'origine de ces deux mots et leur signification, c'est-à-dire ce qu'ils représentent l'un et l'autre, le premier invariable et pourquoi? le second variable au singulier et au pluriel et pourquoi? Puis il fait décliner le nom par l'élève au singulier et au pluriel, à l'aide de son tableau des déclinaisons.

Pour le nom *dies*, second nom régulier de la première phrase, il appelle un autre élève au tableau, l'interroge sur l'explication qu'il a donnée au sujet du radical et des cas, et s'il hésite ou répond mal, parce qu'il n'a pas bien compris, il interroge successivement les autres élèves et répète ses explications jusqu'à ce qu'il soit bien assuré que tous ont à la fin bien compris. L'élève au tableau décline ensuite le nom *dies*, en séparant bien le radical des cas. A propos de *dies*, le professeur signale les particularités qui distinguent la cinquième déclinaison des autres.

Restent les deux premiers noms de la phrase, *Deus*, et *cælum*, qui sont irréguliers. Le professeur appellera un troisième élève au tableau et lui fera décliner ces noms, en lui disant en quoi ils sont irréguliers et ce que signifie ce mot d'*irrégulier*.

Enfin, passant à un autre exercice, il demande à quels cas sont *Deus, cœlum, terram, dies,* et la raison de ces cas. Tous les élèves doivent le rechercher en silence, à l'aide de leur tableau de l'emploi des cas; il attendra leurs réponses... Le premier nom *Deus* n'offre pas de difficultés ; il est au nominatif, parce qu'il est le sujet. Tous l'ont compris bien vite et s'empressent de le dire. Mais *cœlum* a trois cas semblables, le nominatif, le vocatif et l'accusatif. Il y a hésitation, on n'ose pas se prononcer. Enfin l'un répond : au nominatif; un autre, presque aussitôt : à l'accusatif. Il est probable que ni l'un ni l'autre n'ont pas réfléchi.

Lequel des deux a raison? La classe entière est prise pour juge. Que tous, les uns après les autres, disent si *cœlum* est au nominatif ou à l'accusatif....

Je m'arrête, malgré le plaisir que j'aurais à continuer l'exposition de ma méthode, que je publierai du reste quand j'aurai mis la dernière main à ce difficile et long travail. Mais je crois que ces quelques mots suffiront pour en donner l'idée et pour montrer quelle attention, quel intérêt et quelle émulation elle peut exciter dans la classe entière, quelles ressources nombreuses et variées elle offre au professeur pour ouvrir l'intelligence des enfants et les habituer surtout à réfléchir.

J'ajouterai cependant encore qu'à la fin de la première leçon, de même qu'à la fin de toutes les leçons suivantes, le professeur dictera aux élèves une série de questions sur tout ce qui aura été enseigné de nouveau dans la leçon; que ces questions seront recueillies sur un cahier spécial et les réponses par écrit remises sur une copie à la classe suivante, afin que le professeur puisse s'assurer que tous ont bien compris, et juger s'il est opportun de revenir sur ses pas pour quelques-uns, avant de continuer de marcher en avant. Ce cahier de questions servirait à la révision, le samedi, de tout ce qui aura été enseigné dans le courant de la semaine.

Pour l'étude de l'adjectif, qui pourrait se faire à partir du dixième chapitre, on recommencera la lecture et la traduction du texte depuis le premier chapitre, en suivant, pour l'adjectif, la même méthode que pour le nom, au fur et à mesure qu'il s'en rencontrera, et ainsi pour le verbe, quand l'adjectif aura été bien compris dans ses trois modifications de positif, de comparatif et de superlatif, et même d'ultra-superlatif.

L'étude des trois mots constitutifs de la proposition a assez d'importance pour occuper les élèves pendant tout le premier semestre. Dans le second, on étudiera les autres parties du discours en suivant la même marche, c'est-à-dire en recommençant, pour chacune d'elles, la lecture de l'*Epitome*, ou du moins des passages les plus difficiles, et en provoquant l'attention des élèves par de fréquentes interrogations qui mettront le professeur à même de juger s'il doit passer à l'étude d'un mot nouveau (1).

En *sixième*, l'explication du *De viris* se fera de la

----

(1) Cette méthode rationnelle paraîtra peut-être peu applicable avec des enfants de 9 à 10 ans. Je peux affirmer, d'après ma propre expérience, que les enfants de cet âge, ayant passé trois ou quatre ans dans les classes élémentaires, sont très aptes à la suivre, et que j'ai été souvent étonné de l'attention soutenue qu'ils apportaient à mes explications et de la facilité qu'ils avaient à comprendre. Je crois qu'on se méfie trop généralement de l'intelligence des enfants.

même manière, mais avec plus de rapidité dans la lecture et la traduction, parce que les élèves, en septième, auront enrichi leur mémoire d'un grand nombre de mots par la répétition fréquente de l'explication de l'*Epitome*, qu'ils se sont habitués à la phrase latine, à la liaison des propositions, à la valeur surtout et à l'emploi des prépositions et des conjonctions.

Mais une difficulté peut les arrêter, la construction des phrases, si différente de celle du français, et les propositions absolues, très usitées en latin, et que nous devons éviter le plus possible en français.

L'étude des lois de la construction latine peut encore servir au développement de l'intelligence. Elle fera connaître non seulement quelles ressources a la langue latine, grâce à la variété des cas des noms, pour exprimer les idées dans l'ordre même où elles se présentent à l'esprit, et pour donner à la phrase une variété de forme et une harmonie qu'il nous est difficile d'avoir dans notre langue, où tous les mots ont une place marquée qui ne peut être changée sans apporter le plus souvent de la confusion et de l'obscurité dans l'expression de la pensée.

Elle leur apprendra encore, par des exercices bien dirigés, comment il est possible, dans la traduction du latin en français, de suivre le même ordre des idées, tout en observant les règles de la construction française.

Ainsi, par exemple, dans cette première phrase de l'*Epitome* : « *Deus creavit cœlum et terram intra sex dies,* » l'ordre des idées est le même que si nous nous exprimions en français, et nous pouvons traduire mot à mot : Dieu créa le ciel et la terre en six jours. Mais qu'on dise : « *Cœlum et terram creavit Deus intra sex dies,* » l'ordre des idées n'est plus le même, quoique ce soit la même pensée, et cependant nous pouvons conserver cet ordre en français, en disant: Le ciel et la terre furent créés par Dieu en six jours ; ou bien : « *Cœlum et terram Deus intra sex dies creavit,* » Le ciel et la terre, Dieu mit six jours à les créer. Dans le premier exemple, il a suffi de remplacer le verbe actif latin par le même verbe passif français ; dans le second exemple, d'introduire deux mots qui n'ajoutent rien à la pensée, mais qui servent à conserver l'ordre des idées.

Des exercices de ce genre, qu'on peut varier à l'infini, auront pour résultat de donner de la souplesse à l'esprit, d'aider à trouver plus facilement des formes qui rendent mieux la pensée, et surtout de faire perdre dans nos classes cette habitude qu'ont les enfants, soit dans leurs réponses, soit dans ce qu'ils racontent, de commencer dix phrases différentes avant de pouvoir en achever une. « Toute phrase commencée de vive voix doit être achevée. » Voilà la règle à poser dès le début. Les exercices de traduction que je viens d'indiquer amèneront peu à peu les élèves à l'observer facilement.

Le *De viris* devra être lu et traduit tout entier dans le premier semestre, de sorte qu'à l'examen de Pâques, les élèves pourront expliquer à livre ouvert un passage quelconque de l'auteur et répondre pertinemment à toutes les questions de grammaire qui leur seront faites.

Dans le second semestre, on lira les *Fables de Phèdre*, et le professeur donnera les premières notions de prosodie, chose facile à faire comprendre à des élèves qui auront été habitués, pendant deux ans, à suivre rigoureusement dans la lecture du latin les règles de la quantité.

On commencera aussi l'étude du grec, *si les pro-*

grammes l'exigent, en suivant, dans l'explication du texte grec de l'*Epitome historiæ sacræ* de Lécluse, la même méthode que pour l'*Epitome* de Lhomond, ou bien en étudiant les dix parties du discours, ce qui serait moins long, dans l'excellente grammaire grecque et latine simultanée de Lecomte, ou celle abrégée de Romain-Cornut.

Mais, à dire vrai, le latin seul suffit, dans nos classes de grammaire, pour atteindre le but que nous nous proposons, l'éducation intellectuelle. Dans les classes d'humanités, l'étude du latin se fera simultanément avec l'étude du grec, au point de vue littéraire, pour développer le goût et le sentiment du beau par la lecture des grands orateurs, des philosophes, des historiens que l'antiquité nous a laissés comme modèles, et préparer ainsi les jeunes gens à suivre avec honneur les carrières libérales et devenir des hommes utiles à leur pays. C'est pourquoi j'émettrais le vœu qu'on réservât la langue grecque pour les hautes classes et qu'on se bornât à l'étude du latin dans nos classes de grammaire, dont le programme est déjà bien assez chargé.

En *cinquième*, l'explication du Cornelius Nepos donnera lieu aux mêmes exercices que pour les auteurs latins déjà vus dans les classes précédentes. Mais une étude qui se rattache également à l'éducation intellectuelle peut être entreprise en ce moment.

Les élèves ont appris en *sixième* les lois de la construction latine, en quoi elle diffère de la construction française, et le moyen d'arriver à conserver, pour être plus fidèle, le même ordre d'idées et de pensées qui existe dans le texte latin.

Il s'agit maintenant de leur apprendre à distinguer dans une phrase ou une suite de phrases les propositions principales et les propositions secondaires, ce qu'on appelle une *analyse logique*, et ensuite dans un morceau de peu d'étendue, d'un chapitre par exemple, la pensée dominante et les pensées accessoires, ce qu'on appelle une *analyse littéraire*. Ces deux analyses se feront, selon notre méthode, sur le texte de l'auteur, la première, avant même de traduire, par la recherche des pronoms relatifs et des conjonctions qui précèdent toujours les propositions secondaires, et par la reconnaissance des propositions absolues, toujours faciles par leur forme à distinguer des autres.

Pour la seconde analyse, elle ne se fera qu'après la traduction du morceau tout entier, et consistera à détacher de la pensée dominante les pensées qui en sont l'explication et le développement, c'est-à-dire à faire le sommaire du morceau.

Ainsi, dans la vie de Miltiade, premier chapitre de Cornelius Nepos, la pensée dominante est celle-ci :

Miltiade, choisi pour conduire une colonie d'Athéniens dans la Chersonèse, part à la tête d'une flotte, passe devant Lemnos, qu'il somme de se rendre au pouvoir des Athéniens, et n'ayant pas le temps de s'arrêter pour punir les habitants du refus ironique qu'il en reçoit, continue sa course vers la Chersonèse.

Mais qu'était-ce que Miltiade, sa famille, les espérances qu'il faisait alors concevoir de lui? Comment fut-il choisi pour être le chef de l'expédition dans la Chersonèse ? Quel peuple occupait cette contrée ? Quelle ironie les habitants de Lemnos mirent-ils dans le refus de se rendre ?... Voilà les pensées accessoires qui se rattachent à la pensée dominante pour expliquer la cause de chaque fait et donner plus d'intérêt et d'agrément au récit.

Ces deux exercices qui présenteront d'abord, le second surtout, beaucoup de difficultés pour les enfants, finiront bientôt, s'ils sont répétés à chaque nouveau chapitre, par devenir faciles, attrayants même, et l'on verra les enfants faire d'eux-mêmes ces analyses, et ainsi se formera peu à peu leur jugement et se développera leur goût littéraire, sans efforts, sans règles ni préceptes de rhétorique, par la seule habitude de l'attention et de la réflexion.

Mais il y aura peut-être parmi les élèves des enfants que les parents destineront à poursuivre les études classiques au-delà de la quatrième. Je voudrais donc encore que le professeur profitât du premier auteur de pure latinité mis entre les mains des élèves pour faire un choix d'expressions remarquables, de tournures particulières à la langue latine, telles que dans le premier chapitre : *Cum unus omnium floreret modestia, demigrationis peterent societatem, quo duce utendum, delecta manu classe, adversum tenet Athenis proficiscentibus.*

Ces expressions seraient chaque jour recueillies sur un cahier spécial, avec les équivalents français en regard, et apprises par cœur à la fin de la semaine. Ce serait un petit bagage littéraire, augmenté chaque jour, jusqu'à la fin de la quatrième, et qui leur serait d'une grande utilité pour les narrations et les discours latins qu'ils auront à faire en seconde et en rhétorique, et qui sont avec la version latine les compositions les plus importantes dans la première épreuve du baccalauréat.

Enfin, en *quatrième*, les commentaires de César, *De bello Gallico*, seraient lus tout entiers dans le premier semestre. C'est sur le texte et après la traduction que l'on répétera les derniers exercices de la cinquième, et particulièrement l'analyse littéraire. On lira également dans le second semestre, les *Eglogues* et quelques passages des *Géorgiques* de Virgile, qui donneront au professeur l'occasion d'apprendre aux élèves la différence qui existe pour l'expression et la construction des phrases entre la prose et la poésie, différence qu'ils s'exerceront à observer dans la traduction.

La quatrième est le résumé de l'instruction grammaticale. On doit constater à la fin de l'année que les élèves sont capables de traduire à livre ouvert tous les ouvrages prescrits pour cette classe, de faire l'analyse logique et l'analyse littéraire d'un passage d'une certaine étendue, qu'ils ont la mémoire meublée d'expressions et de tournures particulières à la langue latine, en prévision des devoirs qu'ils auront à faire dans les classes d'humanités, et surtout qu'ils savent s'exprimer correctement dans notre langue, soit par écrit, soit de vive voix.

C'est pourquoi, outre les exercices déjà indiqués au sujet des auteurs latins, je voudrais que le professeur, dans cette dernière période de l'éducation intellectuelle, exerçât les élèves à traiter en français, soit par écrit, soit de vive voix, quelques sujets faciles et simples, tels que des lettres familières, de petites histoires, des narrations de voyage, des descriptions d'objets usuels, de maisons, de jardins, des lieux qu'ils auront parcourus dans leurs promenades.

Ce sera la tâche spéciale du professeur, le complément de l'éducation intellectuelle, le dernier effort pour ouvrir l'intelligence, former le jugement, développer le goût littéraire dans les enfants qui nous auront été confiés.

L'examen de fin d'année pour la quatrième devant constater que l'élève a fait de bonnes études grammaticales, a une importance bien supérieure à celle des examens des autres classes, qui sont de simples examens de passage. Je proposerais donc que cet examen fût public, sous la présidence de l'inspecteur d'académie ou d'un professeur de lycée délégué par le recteur, et qu'un *diplôme* dit de *grammaire* fût délivré, le jour de la distribution des prix, aux élèves qui l'auraient mérité.

Dans ce long développement que je viens de donner d'une partie du travail des classes en suivant l'élève depuis son entrée en septième jusqu'à sa sortie de quatrième, ce n'est ni un programme complet d'études, ni une méthode parfaitement définie que j'ai voulu proposer. Si j'eusse eu à parler des différents devoirs de chaque classe, du choix des thèmes et des versions et de la manière de les corriger, des leçons de français, des différents auteurs qu'il serait le plus utile d'étudier dans les deux langues et dans chaque classe, mon plan se serait bien autrement élargi. Non, mon seul but, et je crois l'avoir atteint, a été de justifier ce que j'ai avancé au commencement de ce travail, que « dans nos classes de grammaire, l'éducation des facultés de l'esprit, telle que je la comprends, rentrait plus particulièrement dans les devoirs des professeurs de latin. »

Mais ces professeurs ne sont que deux ; comment se partageront-ils la responsabilité de cette difficile et importante mission ?

La *septième,* qu'on confie habituellement à un jeune homme qui débute quelquefois dans l'enseignement, est, dans mon système, la plus importante des quatre classes de grammaire et la plus difficile. Elle ne peut être réellement confiée qu'à un professeur ayant de l'expérience, du savoir, du tact et l'habitude déjà longue de l'enseignement. Je proposerais donc que le

2

professeur de quatrième, licencié ès-lettres ou agrégé
de grammaire, fût en même temps chargé de la septième. L'avantage de cette combinaison serait celui-
ci : C'est que l'éducation intellectuelle aurait, dès la
première année, une direction plus sûre et toujours la
même pendant les quatre années d'études grammaticales, car le professeur de quatrième qui lui aura
imprimé cette direction en septième pourra la suivre
dans les classes de sixième et de cinquième par sa
présence obligatoire aux examens nombreux qui se
feront dans le cours de l'année sous la présidence du
Principal. Cette combinaison serait d'autant plus facile que les classes de grammaire ne sont que de deux
heures, et qu'ainsi chaque professeur pourrait faire
deux classes par jour, la septième, par exemple, le
matin, et la quatrième le soir, et de même pour la
sixième et la cinquième.

J'attache, je l'avoue, une grande importance à la
distribution des cours que je viens d'indiquer. Je crois,
d'une part, qu'elle serait très facile à établir, et, d'autre part, que l'uniformité de la méthode et des procédés qui consistent à solliciter sans cesse l'attention
des élèves et à les amener autant que possible à décou-
vrir d'eux-mêmes ce qu'on veut leur enseigner, con-
tribueraient singulièrement à fortifier l'étude des langues latine et française, comparées à chaque pas l'une
à l'autre, et à mieux préparer les élèves à l'enseignement des autres classes.

ÉDUCATION PHYSIQUE

Du Maître des jeux

L'éducation physique consiste à donner aux forces du corps le plus grand développement possible, eu égard à l'âge et à la constitution de chaque élève.

Le gouvernement a prescrit depuis plusieurs années, dans ses établissements d'instruction publique, des exercices qui témoignent de l'intérêt qu'il porte à cette partie de l'éducation. Il y a dans la plupart des colléges des gymnases sous la direction de maîtres habiles, anciens militaires ordinairement, appartenant même quelquefois au régiment en garnison dans la localité, et qui sont également chargés d'initier les plus grands élèves au maniement des armes, aux marches et évolutions militaires. Il y a de plus des maîtres de danse et d'escrime. Tous ces exercices, ajoutés aux jeux de paume et de barres, si attrayants pour les enfants, contribuent à donner aux muscles de la force, de la souplesse et de l'agilité; ils reposent des fatigues de l'étude et disposent mieux, par là même, au travail de la classe.

« Mens sana in corpore sano. »

Mais tous ces maîtres sont étrangers au collége. Ils n'y viennent qu'au moment de la leçon; ils n'ont pas l'autorité ou l'influence nécessaire pour se faire obéir de tous, pour triompher de la timidité ou du mauvais vouloir de quelques-uns; ils ne sauraient non plus pourvoir immédiatement aux accidents qui pourraient survenir. Je crois donc qu'il y aurait nécessité qu'un maître spécial assistât à tous ces exercices et en eût la responsabilité.

Ce maître, que j'appellerais le *maître des jeux*, ferait partie du personnel au même titre que les autres professeurs nommés par l'Etat, et, comme eux, soumis à la retenue.

Il aurait la surveillance des récréations, assisterait à tous les exercices, à tous les jeux, à tous les mouvements de la journée pour l'entrée et la sortie des classes ; il fixerait les lieux des promenades, les jours de congé, les dirigerait lui-même autant que possible, veillerait également aux bains de rivière, dans la belle saison. C'est enfin sur le maître des jeux que reposerait particulièrement l'éducation physique dans nos collèges.

Pour remplir ces fonctions importantes, il faut des qualités spéciales qui en rendent le choix difficile : la force du corps, la connaissance de la gymnastique et de la natation, de l'escrime et du maniement des armes, des habitudes d'ordre, des manières polies, beaucoup de patience et de bonté, qui lui concilient la confiance et l'attachement des élèves. Toutes ces qualités réunies, je crois que, *provisoirement*, elles se trouveraient plus facilement dans le corps des sous-officiers, qui contient beaucoup de jeunes gens instruits, bacheliers même pour quelques-uns, et dont un certain nombre seraient heureux, après l'expiration de leur temps de service, de continuer paisiblement leurs droits à la retraite en entrant comme maîtres des jeux dans un collége. J'ai dit : provisoirement, parce que j'espère que l'éducation physique provoquera de plus en plus la sollicitude du ministre de l'instruction publique, et qu'il y aura dans les écoles normales une section particulière, un cours de gymnastique pour former des maîtres des jeux, comme il y en a pour former des professeurs de lettres et de sciences.

Je viens d'exposer succinctement comment je comprends l'éducation sous ces trois formes, religieuse, intellectuelle et physique. Il me reste à parler de l'instruction proprement dite, sujet non moins difficile et qui demanderait un volume entier pour être traité complètement. Je vais tâcher d'émettre mes idées en quelques pages, aussi clairement que je le pourrai.

CHAPITRE DEUXIÈME

INSTRUCTION

Du Professeur d'histoire

L'étude de l'histoire et de la géographie est une de celles qui, dans nos collèges, peut avoir le plus d'attraits pour les enfants et contribuer le plus efficacement à étendre leurs connaissances et la portée de leur esprit, à détruire les faux préjugés, à développer enfin leur sens moral en leur inspirant l'horreur du mal et l'amour du bien.

Mais l'enseignement de l'histoire exige du professeur beaucoup de savoir d'abord, de prudence et de sagesse, une élocution facile ensuite, un langage simple et grave à la fois, qui sache s'approprier aux différents âges de ses élèves; une méthode enfin qui se rapproche autant que possible de la méthode suivie dans l'enseignement du latin, c'est-à-dire qui intéresse la classe entière à la leçon donnée, qui excite et soutienne constamment l'attention.

Au lieu donc d'enseigner l'histoire, comme on le fait encore dans un grand nombre de colléges où le professeur, chargé en même temps d'enseigner le français, le latin, le grec, la géographie, le calcul même, n'a pas d'autres moyens pour remplir son programme si varié et si étendu, et pour suppléer au temps qui lui manque à lui-même pour étudier, que de faire apprendre par cœur à ses élèves quelques pages de l'histoire prescrite pour sa classe, le professeur spécial d'histoire, dans mon système, racontera d'abord, d'après un sommaire dicté d'avance, puis il fera raconter par les élèves, tour-à-tour, les uns un fait, les autres un autre, les encourageant à s'entr'aider mutuellement, si la mémoire de l'un d'eux fait défaut; il leur demandera ce qu'ils pensent de tel ou tel fait, de la conduite de tel ou tel personnage, s'ils pourraient voir la cause de tel ou tel événement, rectifiant chaque fois les erreurs de jugement qu'ils pourraient commettre, s'attachant avec le plus grand soin à ce qu'ils s'habituent à mettre de l'ordre dans l'exposition des idées et des faits, à ne pas s'aventurer, comme les enfants y sont si facilement portés, à parler avant de savoir positivement que dire, habitude bien difficile à faire prendre, j'en conviens, mais qui, commencée dès la septième et rigoureusement observée jusqu'à la fin de la quatrième, aurait pour effet certain de donner beaucoup de rectitude à l'esprit et de facilité dans l'élocution.

L'enseignement de l'histoire et de la géographie doit être en rapport avec les différentes classes auxquelles les élèves appartiennent.

Ainsi en septième, où les élèves expliquent l'*Epi-*

tome historiæ sacræ, le professeur d'histoire enseignera l'histoire sainte.

En sixième, avec le *De viris*, l'histoire romaine (1re partie).

En cinquième, avec le *Cornelius Nepos*, l'histoire grecque.

En quatrième, avec les *Commentaires* de César, l'histoire romaine (2e partie) et celle de la Gaule avant la soumission de ce pays à l'empire romain.

De sorte que l'histoire serait apprise deux fois dans chaque classe, une fois sous le professeur de latin dans l'explication de l'auteur pour les faits principaux, les hommes remarquables.....; une seconde fois avec plus de détails, sous le professeur d'histoire, qui préciserait davantage la suite et la date des événements, les lieux où ils se sont passés, les changements qu'ils ont amenés, les mœurs, la religion, les usages particuliers, les relations commerciales.....

Mais comme cette seconde leçon d'histoire pourrait ôter de l'intérêt aux leçons du professeur de latin dans l'explication de l'auteur de sa classe, si elle se faisait dès le commencement de l'année, et qu'elle serait d'ailleurs plus fructueuse par une révision à plus longue date des faits déjà connus, le professeur d'histoire ne commencerait ses leçons que dans la seconde partie de l'année, et consacrerait la première à l'enseignement non moins important de la géographie relative à l'histoire de chaque classe, et, selon le temps donné, à la géographie générale et à la géographie de la France.

Il y a encore une lacune à combler dans l'enseignement de l'histoire. Dans nos classes de grammaire on n'apprend pas l'histoire de France, de sorte qu'il arrive que les élèves sortant de quatrième savent moins l'histoire de leur propre pays que les élèves sortis de l'école primaire. Pour remédier à cet inconvénient depuis longtemps signalé, je voudrais que sur les cinq heures par semaine consacrées à l'histoire, une ou deux fussent employées à l'étude de l'histoire de France pour les faits principaux et les personnages marquants, en commençant depuis la septième.

Telles sont les modifications qu'il me paraîtrait utile d'apporter dans cette branche d'enseignement, dans sa distribution et dans les méthodes.

II

Des Langues vivantes

La connaissance des langues étrangères est aujourd'hui d'une si grande utilité, en raison des relations commerciales, des voyages sur terre et sur mer, des découvertes, des investigations des sciences dont la presse, en chaque pays différent, est l'organe, qu'il est du plus haut intérêt que nous donnions, dans nos colléges, une place marquée à l'étude des langues vivantes.

Cette étude ne doit pas être faite en suivant la même méthode que pour les langues mortes. Ce sont des langues qu'il faut apprendre à parler.

M. Duruy, notre illustre ancien ministre de l'instruction publique, l'avait bien compris ; il avait tracé pour l'enseignement des langues étrangères un programme dont l'application me paraissait, quand j'étais principal, et qui me paraît encore aujourd'hui, quelles que soient les modifications qu'on y ait apportées depuis, parfaitement appropriée à nos classes de grammaire, c'est-à-dire un enseignement simultané des langues classiques et des langues vivantes, qui ne peuvent se nuire l'une à l'autre en aucune façon.

Cette méthode consiste à suivre dans nos deux premières classes de grammaire une marche naturelle, apprendre les noms de chaque chose sans efforts, par le secours seul de la mémoire, comme les enfants les apprennent peu à peu dans notre langue, par l'habitude de s'en servir, tels qu'ils les entendent prononcer, faisant bientôt de petites phrases et habituant leurs oreilles à la distinction, dans le son de la voix, des dix parties du discours, obstacle des plus grands pour soutenir une conversation, quand cette habitude n'est pas prise de bonne heure.

En *cinquième* et en *quatrième* commencerait seulement la lecture et l'explication des auteurs, bien faciles alors, pleines d'attrait, et dans lesquelles le professeur pourrait, avec profit, signaler les différences de syntaxe et de mode de formation des mots, qui existent entre les langues étrangères enseignées et nos deux langues classiques.

Sur les cinq heures de classe par semaine, le professeur pourrait en employer une en cinquième et deux en quatrième, à faire causer les élèves entre eux et lui, dans la langue enseignée. Cet exercice serait, je crois, des plus profitables et instruirait le maître, en temps opportun, de l'efficacité de sa méthode ou des modifications à y apporter.

III

Des Mathématiques

L'étude des mathématiques, faite en même temps que l'étude de la grammaire, de l'histoire et des langues vivantes, a pour but et généralement pour résultat d'équilibrer le fonctionnement des principales facultés de l'esprit, en empêchant que quelques-unes d'entre elles, l'imagination surtout, ne prennent un empire trop exclusif chez les enfants naturellement portés à l'exagération.

Les mathématiques, en effet, s'adressent particulièrement au jugement, qu'elles développent peu à peu, qu'elles affermissent contre l'erreur par l'observation rigoureuse de règles toutes déduites de la seule raison.

L'enseignement des mathématiques est donc nécessaire pour compléter l'éducation et l'instruction que nous avons pour devoir de donner à nos élèves.

Il se bornera, dans nos classes de grammaire, à la science des nombres, à l'arithmétique et aux premières notions de la géométrie et de la physique.

On y ajoutera des leçons élémentaires d'histoire naturelle, botanique, minéralogie, géologie, qui, éveillant la curiosité des enfants et les portant à l'observation des phénomènes les plus ordinaires de la nature, auront un but utile dans les promenades des jeudis et des dimanches.

En *septième*, le professeur enseignera la numération, les quatre règles fondamentales, les fractions ordinaires. Il exercera beaucoup les élèves à calculer, jusqu'à ce qu'ils le fassent rapidement et sûrement, avantage considérable pour la suite des études mathématiques. Premières leçons de botanique, une classe par semaine.

En *sixième*, suite de l'arithmétique, fractions décimales, système métrique, règles de trois, d'intérêts, de société, proportions, applications nombreuses. Continuation des leçons élémentaires de botanique, premières leçons de minéralogie dans le second semestre.

En *cinquième* (1er semestre). Extraction des racines carrées et cubiques, progressions. (2e semestre) Premiers éléments de géométrie, lignes droites, lignes courbes, angles, rectangles, trapèzes, polygones, applications, problèmes. Continuation des leçons de minéralogie.

En *quatrième* (1er semestre). Surfaces planes, surface et volume des corps solides. Nombreuses applications. (2e semestre). Arpentage, nivellement, lever des plans, premières notions de physique. Notions de géologie.

OBSERVATIONS. — Cet enseignement, dans nos classes de grammaire, doit avoir surtout en vue la pratique, la solution des problèmes, en laissant de côté ce qui, dans la théorie, serait au-dessus de leur âge et du développement de leur intelligence. De nombreuses modifications peuvent y être apportées par les professeurs compétents. Mais il ne faut pas oublier non plus, pour se rendre bien compte du programme que je viens de tracer, que les enfants admis à suivre les cours du collége ont dû, d'après mon système, passer trois ou quatre ans dans les classes élémentaires, où ils ont appris au moins le calcul des quatre premières règles, peut-être même les fractions ordinaires et le système métrique.

IV

Ecriture et Dessin

Le même professeur pourrait être chargé de ce double enseignement, en y consacrant une heure de leçon par semaine.

Voici ce que je proposerais :

Les élèves qui entrent dans les classes de grammaire

savent déjà écrire sous la dictée. Il ne s'agit plus que de réformer ou embellir leur écriture, de la rendre surtout nette et parfaitement lisible. Donc la première partie de la leçon, une demi-heure au plus, serait employée à l'imitation d'un bon modèle de quelques lignes, en anglaise, en ronde, en bâtarde et principalement en écriture cursive; la seconde partie de la leçon, à transcrire sur une copie ou sur un cahier le devoir de la classe, sous l'œil du maître qui mettrait sa signature au bas de chaque copie avec ses observations, s'il en avait à faire, sur l'application, la tenue et la conduite de l'élève, et cela pour les élèves de septième et de sixième qui pourraient être réunis sans inconvénients.

Sur les cinq heures de leçons par semaine, deux seraient consacrées à l'enseignement du dessin linéaire. Cet enseignement consisterait, pour les élèves de septième, à leur faire tracer, à main levée, sur le tableau noir, des lignes droites, verticales, horizontales, obliques, à élever des perpendiculaires sur un point donné d'une ligne droite, à tracer des parallèles verticales ou horizontales et, pour les élèves de sixième, à tracer ces mêmes lignes sur le papier, à construire des triangles, des carrés et des rectangles, à l'aide de la règle et du tire-lignes ou d'une plume métallique *ad hoc;* dans le second semestre, à construire, d'après des cotes données, des meubles à lignes droites, tels que bancs, tables, commodes, ou des façades de maisons.....

Les élèves de cinquième seraient exercés à tracer des lignes courbes, des arcs de cercles, des circonférences, des ellipses, d'abord à main levée sur le tableau noir, et ensuite à l'aide du compas sur le papier; à dessiner des machines simples, à en faire des coupes horrizontales et verticales.....

OBSERVATION. — Tenir beaucoup aux exercices à main levée sur le tableau afin de donner le coup d'œil et la dextérité de la main si utile pour tracer correctement une figure de géométrie sur le tableau, ou faire un croquis de machine, d'instrument et d'appareil de physique ou de chimie, de maison.....

Enfin les élèves de quatrième emploieraient les cinq heures de leçons par semaine, sous un professeur spécial, au dessin de l'ornement et de la figure, au lavis des plans, au paysage, au tracé des cartes de géographie, au dessin ombré des machines.

Ces cours de dessin pourraient être organisés tout autrement que je viens de le dire. Ce que j'ai voulu montrer, en les faisant entrer dans mon programme d'études, c'est l'importance que j'y attache pour compléter l'instruction de nos élèves.

En effet, l'étude du dessin peut non seulement faire connaître et favoriser les aptitudes, et dans quelques-uns le goût des beaux-arts, notamment le dessin d'imitation, mais il peut être encore d'une grande utilité dans certaines circonstances, soit pour faire le plan d'un meuble, d'une construction, d'un jardin, ou bien encore pour commander et apprécier le travail d'un ouvrier, soit, comme art d'agrément, pour reproduire sur un album les traits d'une personne qui nous est chère, ou les beaux sites, les parties de paysage les plus remarquables dont nous désirons conserver le souvenir.

Sous un autre rapport, qui doit nous intéresser particulièrement dans notre système général d'instruction, la connaissance du dessin est indispensable pour la préparation aux écoles professionnelles et industrielles. Nous ne pouvions pas l'oublier.

V

De la Tenue des livres, et des premières notions de Législation usuelle et commerciale

Les élèves qui suivent les cours du collége ne sont pas tous destinés à la même carrière. Les uns entreront dans le commerce ou dans l'industrie; les autres, le plus petit nombre, continueront les études classiques pour se présenter trois ou quatre ans plus tard aux examens du baccalauréat. Quelle que soit leur position future dans le monde, ils auront tous des devoirs civiques à remplir, des droits à faire valoir ou défendre; ils auront besoin aussi de mettre de l'ordre dans leurs affaires, de passer certains actes que règlent les lois, non seulement pardevant notaire, mais encore entre particuliers, des billets, des baux, des sous seings privés.....

Je voudrais donc que, pour les élèves de quatrième, des cours de tenue de livres et de législation usuelle et commerciale fussent ouverts, de cinq à six heures et demie du soir, le mercredi de chaque semaine pour l'un de ces cours, et le samedi, à la même heure, pour l'autre cours.

J'indique le mercredi et le samedi, parce que les lendemains sont des jours de congé, et que cette heure enlevée à l'étude des devoirs de classe serait retrouvée par les élèves à l'étude libre des jeudis et des dimanches.

Tel est le plan nouveau que je proposerais pour les classes de grammaire dans nos colléges. On peut voir dans le tableau ci-après des différentes occupations de la journée, que toutes les leçons, toutes les études, tous les devoirs de classe sont terminés à six heures et demie du soir. Ne pourrait-on pas retenir encore tous les élèves une heure de plus au collège? Je le proposerais, non pour ajouter aux devoirs et aux études, mais pour les occupations dont je vais parler.

VI

Exercices manuels

Dans les exercices relatifs à l'éducation physique, nous avons eu en vue le développement des forces du corps qui intéressent particulièrement la santé et rendent propre au métier des armes, auquel, d'après nos lois, les jeunes gens sont tous appelés à leur majorité.

Mais de toutes les parties du corps, les mains sont celles dont l'adresse peut rendre les plus grands services dans toutes les conditions et à tous les âges.

Les mains sont, en effet, l'organe exécuteur des conceptions de l'esprit dans les œuvres d'art, tels que la sculpture, le gravure, l'ornementation du bois et de la pierre, l'architecture, et dans toutes les professions qui, en raison même de leur emploi spécial, ont reçu la dénomination de professions manuelles.

Il entre donc dans notre plan d'éducation générale que nous procurions à nos élèves les moyens de tirer de l'adresse de leurs mains, selon leurs aptitudes, le plus grand profit possible.

C'est à cet effet que je proposerais l'établissement, dans le collège, de petits ateliers où les élèves pourraient, à la fin de chaque journée, travailler, chacun selon son goût, à des ouvrages divers, tels que la reliure, le cartonnage, la découpure des bois, la confection de petits ouvrages en fil de fer ou en osier ; à des collections de minéraux, d'insectes et de fleurs recueillies dans leurs promenades ; à s'exercer à l'usage de la lime, du tour d'horlogerie, etc., etc.

Pour encourager ces petits travaux, qui pourraient occuper encore les enfants les jours de congé, lorsque les mauvais temps rendraient les promenades impossibles, je proposerais qu'à la fin de l'année il y eût une exposition générale des œuvres d'art, de dessin, d'écriture, de collections diverses, un concours et des prix aux plus habiles, en y mettant cette condition que « *le Principal ou la Commission d'examen aurait le droit de retenir dans chaque catégorie les ouvrages les plus dignes pour en composer un Musée collégial.* » Ce musée s'augmentant tous les ans des ouvrages portant les noms de leurs auteurs et la date de leur admission, servirait non seulement à entretenir le goût, à constater les progrès des élèves dans cette partie de leur éducation, à conserver des souvenirs qu'il leur serait bien agréable de retrouver quand ils viendraient, plusieurs années après leur sortie, visiter leur ancien collége, mais encore à éclairer les parents sur les dispositions particulières de leurs enfants et sur le choix de la carrière à laquelle ils devront les destiner de préférence.

Dans tous les cas, ces petits exercices manuels, après les heures d'études sérieuses d'une journée entière, qui n'auront pas été peut-être sans fatiguer l'esprit de quelques-uns, et même sans les décourager un peu, ces exercices seraient, avec la musique, le chant et la danse, dont les leçons seraient données aux mêmes heures, une distraction utile, qui, finissant bien la journée, ferait trouver la vie du collége plus douce et l'aimer chaque jour de plus en plus (1).

J'aurais fini là l'exposition de mon plan d'organisation des colléges communaux, si je n'avais encore à traiter deux questions très délicates qui s'y rattachent : des maîtres d'études et du pensionnat. Qu'on me pardonne la franchise avec laquelle je vais m'expliquer à ce sujet.

CHAPITRE TROISIÈME

DES MAITRES D'ÉTUDES

Il faut avoir été Principal de collége pour savoir la difficulté qu'on a de trouver de bons maîtres d'études. Les fonctions dont ils sont ordinairement chargés sont si pénibles et si absorbantes, elles exigent un caractère si heureux, un dévouement si absolu, une observation si rigoureuse et quelquefois si difficile de devoirs qui ne cessent ni le jour ni la nuit de tour-

---

(1) On se demandera peut-être comment il sera possible de trouver des maîtres pour donner des leçons dans ces différents ateliers. La difficulté serait grande, en effet, si les colléges n'étaient pas établis dans des villes qui sont toujours, quelle qu'en soit la population, assez riches en artisans habiles de toutes sortes, relieurs, cartonniers, vanniers, serruriers, horlogers, jouissant d'une bonne réputation, pour fournir des patrons dignes de confiance à nos petits ateliers. Tous se feraient un honneur, à n'en pas douter, d'être choisis pour venir chaque soir consacrer une heure de leur temps à ces leçons, sous la surveillance, pour la discipline, du maître des jeux, et à peu de frais, s'ils avaient eux-mêmes des enfants au collége.

menter l'esprit et la conscience par la responsabilté
qu'ils imposent, une telle réunion enfin de qualités
exceptionnelles, j'oserai même dire héroïques, dans
la condition actuelle de ces fonctionnaires, qu'on ne
saurait comprendre comment il est possible de re-
cruter ces maîtres, si deux motifs principaux ne déter-
minaient quelques jeunes gens à en accepter le far-
deau :

1° L'exonération du service militaire, qu'on peut
assez facilement obtenir par un engagement décennal
dans l'instruction publique;

2° La pauvreté des familles, qui, ayant fait de
grands sacrifices pour donner de l'instruction à leurs
enfants, ne sont plus à même de les continuer, et sont
heureuses de les voir entrer dans un établissement où
ils trouveront, avec la table, le logement et un traitement plus que suffisant pour leur entretien, le moyen
de poursuivre leurs études.

De ces deux catégories de maîtres d'études, la première offre plus de garanties, parce que, généralement,
ceux qui prennent un engagement de dix années,
consécutives dans l'instruction publique se sentent
une certaine vocation pour cette carrière, et que, si
les débuts sont pénibles, ils ont l'espoir qu'on leur
tiendra compte, dans quelques années, de leurs bons
services et qu'ils occuperont une chaire de professeur
titulaire dans un collége.

Mais ceux de la seconde catégorie, qui n'ont accepté
leurs fonctions que pour être moins à charge à leur
famille, se lassent promptement de leur position nouvelle, et à la première occasion qui se présente, leur
offrirait-elle moins d'avantages, ils quittent le collége
après un an ou deux, ou même après quelques mois,
sans souci de l'embarras où ils jettent le Principal, de

sorte que c'est un va-et-vient continuel de maîtres d'études, un changement à toutes les époques de l'année, qui compromet la discipline et la régularité du service intérieur.

Dans les lycées, le gouvernement a fait de grands avantages aux *maîtres répétiteurs* (dénomination imaginée pour relever la fonction, qui n'est pas autre, cependant, que celle de maître d'études dans un collége) ; il leur a donné un traitement plus élevé, du temps pour étudier, des cours pour la préparation à la licence, un ou deux jours de liberté par semaine ; il leur a réservé, après un certain temps de service, les places de professeurs des hautes classes vacantes dans les colléges, au détriment, quelquefois, d'anciens professeurs, privés ainsi de l'avancement auquel ils avaient droit. Et cependant leur sort est si peu tolérable, que j'en ai vu plusieurs quitter de leur plein gré les lycées pour venir comme simples maîtres d'études dans les colléges dont j'avais la direction, parce qu'ils y trouvaient la vie plus douce et plus de facilité pour se livrer aux études de leur goût.

Si donc les Proviseurs de lycée ne peuvent retenir leurs maîtres répétiteurs, pas plus que les Principaux de collége leurs maîtres d'études, j'en conclus que l'institution est mauvaise, et, ne pouvant trouver dans mon plan de nouvelle organisation des colléges communaux une combinaison qui puisse améliorer la position des maîtres d'études, voici ce que je propose pour les remplacer :

On a pu remarquer dans le tableau des diverses occupations de la journée que toutes les heures sont employées pour les classes et les récréations, et qu'il n'y a que deux études par jour, l'une d'une demi-heure pour reposer les élèves après les jeux et les exercices

gymnastiques et apprendre les leçons de la classe du
soir, l'autre d'une heure et demie pour les devoirs de
la journée et apprendre les leçons de la classe du len-
demain matin. On pourrait peut-être charger les professeurs de la surveillance de ces études, chacun à
leur tour ; ils n'ont que quatre heures de présence à
donner au collége, et ce ne serait pas trop exiger d'eux.
Mais dans les idées et les habitudes actuelles, je crain-
drais que les professeurs ne se prêtassent qu'avec
répugnance à rendre ce service.

Je préférerais une institution nouvelle, si je peux
m'exprimer ainsi. Elle consisterait à confier au Principal, que je suppose devoir toujours être licencié ès-
lettres ou ès-sciences, la direction de trois ou quatre
jeunes gens déjà bacheliers, se destinant à la carrière
de l'enseignement, et qui se prépareraient soit à la
licence, soit aux examens d'admission à l'*Ecole normale secondaire*, dont je parlerai tout à l'heure. Ces
jeunes gens seraient nourris et logés au collége, aux
frais de la commune, du département ou de l'Etat, et
recevraient, en outre, un léger traitement pour subvenir à leur entretien. Leurs obligations ne seraient
autres que de surveiller d'abord à tour de rôle les deux
études dont j'ai parlé, et ensuite de remplacer les professeurs empêchés. Et pour qu'ils fussent moins étrangers aux méthodes suivies et à la force présente des
études dans chaque classe, ils seraient tenus d'assister
à tous les examens, qui, dans mon système, devraient
être très fréquents dans le cours de l'année. Ils assis-
teraient encore à certaines récréations, pour venir en
aide au maître des jeux, et les jours de congé, aux vi-
sites qui se feraient dans les manufactures, établissements industriels, fabriques, ateliers remarquables,
soit dans la ville, soit dans les environs.

Ces jeunes gens auraient le titre de *maître auxi-liaire*, et le temps passé dans leurs fonctions serait un stage utile pour leur faire connaître à eux-mêmes leur vocation véritable, et à l'autorité universitaire les services qu'elle pourrait attendre d'eux.

Mais le réfectoire, les dortoirs, à qui en donnerez-vous la surveillance?

Cette question m'amène naturellement à parler du pensionnat.

CHAPITRE QUATRIÈME

DU PENSIONNAT

Le pensionnat n'a pas un rapport tellement néces-saire avec le but qu'une ville se propose en fondant un collége, qu'il ne puisse être supprimé. Ce n'est pas, en effet, de la qualité d'interne ou d'externe des élèves que dépendent la bonne éducation, la force des études, la prospérité de la maison ; mais uniquement de la bonne direction du Principal, du savoir des profes-seurs, de leur zèle, de leur talent d'enseigner et de la confiance qu'ils inspirent aux familles.

Cependant l'utilité d'un pensionnat est très réelle. C'est un refuge pour les élèves du dehors, une res-source pour les parents qui ne peuvent venir habiter la ville pour surveiller l'éducation de leurs enfants. Sous un autre rapport, un pensionnat est une source de revenus qui profitent au commerce et à l'industrie de la localité, qui dédommagent aussi la commune d'une partie de l'argent qu'elle dépense pour son collége.

Je crois donc qu'avec un collége il faut un pensionnat. Mais, d'abord, ce pensionnat doit-il être dans les bâtiments du collége et, par conséquent, aux frais de la ville ? Outre l'obligation très onéreuse de fournir un local pour le logement du Principal et de sa famille, pour les classes, les études et les cours, devra-t-elle encore pourvoir à l'ameublement des réfectoires et des dortoirs, de la lingerie et de l'infirmerie, toutes choses nécessaires dans un pensionnat ? Devra-t-elle encore pourvoir, par de nouvelles constructions, à l'insuffisance du local, si la prospérité du collége l'exigeait ?

En second lieu, est-ce dans l'intérêt de la ville et des études que, pour faire l'économie d'un traitement au Principal, elle lui abandonne tout le bénéfice de sa gestion, à titre aléatoire, c'est-à-dire en lui laissant la responsabilité de l'entreprise, avec la chance, par conséquent, de se ruiner ou de s'enrichir, selon le plus ou moins grand nombre de pensionnaires qu'il saura réunir ?

A ces deux questions la réponse est facile.

Dans le premier cas, au point de vue des avantages matériels, la ville s'engage à faire des sacrifices dont elle ne peut ni prévoir l'étendue, ni tirer un bénéfice assuré.

Supposons la situation la plus favorable, c'est-à-dire que le collége soit sous la direction d'un Principal habile, heureusement secondé dans son intérieur et par son personnel de professeurs et de maîtres d'études, qui ait de l'activité, du savoir-faire, qui sache plaire aux parents, qui n'ait point de concurrence sérieuse dans la localité, tels que petits-séminaires et pensions congréganistes. Sous cet habile

Principal, le pensionnat prospérera, les élèves afflue-
ront de toutes parts, et bientôt leur nombre sera si
considérable que le local ne suffira plus pour les loger.
La ville, qui a intérêt à maintenir et même à accroître
la prospérité du collége, sera alors entraînée à construire de nouveaux dortoirs et de nouvelles salles
d'études, dépenses considérables auxquelles elle ne
pourra se soustraire.

Mais que, pour une cause quelconque, ce Principal
vienne à être changé ou mis à la retraite, et qu'il soit
remplacé par un autre non moins instruit, peut-être,
et aussi dévoué, mais inconnu dans le pays, ayant le
malheur de succéder à un Principal regretté de tous,
élèves et parents, ayant de plus à lutter contre des
établissements religieux qui, n'ayant pas osé prendre
pied dans le pays pendant que l'habile Principal était
là, profitent de son départ pour faire appel à la confiance des parents et lancer des prospectus, toujours
bien accueillis, venant d'eux, par les mères de famille,
le pauvre nouveau Principal se verra bientôt aban-
donné des anciens élèves, le vide dans le pensionnat,
que de nouveaux élèves ne combleront pas, deviendra
plus grand d'année en année, le collége tombera, et
alors, quel fruit la ville retirera-t-elle de ses nombreux sacrifices ? que fera-t-elle de ses constructions
récentes, de ce mobilier considérable maintenant
inutile ? Non, en vérité, la ville n'a aucun intérêt, au
point de vue matériel, ni rien à gagner à prendre à
sa charge le pensionnat de son collége.

Dans le second cas, les conséquences sont bien
autrement graves.

En mettant le Principal dans l'obligation de s'occuper presque exclusivement du pensionnat, pour
trouver dans le bénéfice de sa gestion les moyens de

subvenir à l'entretien de sa famille et de pourvoir, par de prudentes économies, au déficit qui pourrait survenir l'année suivante, vous le distrayez nécessairement de ce qui devrait être la principale de ses préoccupations, les soins à donner à l'éducation et à l'instruction de ses élèves ; vous l'exposez à mettre ses intérêts personnels au-dessus des intérêts des pères de famille ; vous faites même qu'il est accusé quelquefois de se compromettre par des spéculations et des démarches indignes, en vue de l'augmentation de son pensionnat ; vous rabaissez enfin ses fonctions; vous en faites, si j'osais le dire, un simple maître d'hôtel, car la nourriture est presque la seule considération qui détermine certains parents, incapables d'apprécier les avantages de l'instruction, à préférer votre collège à d'autres maisons de la localité. Non, il y a incompatibilité entre les spéculations commerciales d'un maître de pension et les fonctions si nobles et si élevées d'un éducateur de la jeunesse. Il y a de plus, croyez-moi, de graves dangers pour les mœurs et la discipline à claustrer un trop grand nombre d'enfants, jour et nuit, dans le même local. Donc, dans l'intérêt des familles, de la commune, des Principaux eux-mêmes, détachez le pensionnat du collége, et puisque ce pensionnat est cependant nécessaire, ainsi que je l'ai reconnu, faites ce qui se pratique en Allemagne et en d'autres pays :

Confiez les enfants du dehors, soit aux professeurs, pour un certain nombre d'élèves qui ne dépasserait pas le nombre d'enfants qu'un père de famille peut réunir à sa table; soit à certaines familles de la localité, dans une position honorable, qui en feraient la demande au Principal, pour être mises par lui en rapport avec les parents ; soit encore, s'il y avait nécessité, à des pensions particulières, annexées au collége ou dans le voisinage, sous la surveillance d'une association de pères et de mères de famille, qui en prendraient la direction et en auraient la responsabilité.

Et alors le Principal, dégagé des soucis du pensionnat et de la surveillance qu'il exige jour et nuit, sera libre de donner tous ses soins à l'éducation intellectuelle et morale des élèves, à la direction des études et à la recherche des meilleurs procédés d'enseignement. Il pourra suivre assidument le travail dans les classes; conférer avec les professeurs, après chaque examen, sur les améliorations qu'on pourrait apporter dans la marche des études; appeler leur attention sur ceux des élèves qui lui auraient paru devoir être plus particulièrement l'objet de leur sollicitude; faire venir en temps opportun ces élèves dans son cabinet pour seconder les efforts des professeurs; essayer de les encourager, de les relever dans leur propre estime, s'ils sont rebutés en raison du peu de progrès qu'ils ont faits et convaincus qu'ils sont incapables de mieux faire; les amener enfin, par des paroles affectueuses, qui aillent à leur cœur, à prendre de plus généreuses résolutions pour l'avenir. On ne saurait dire quel heureux résultat on obtient souvent de ces entretiens particuliers, et combien il est facile de changer en bien les dispositions les plus malheureuses des enfants, quand on sait les convaincre de l'intérêt et de l'attachement qu'on leur porte. Quelle belle et grande mission! Quelle bienveillante influence un Principal consciencieux peut avoir! Quel bien il peut faire! Mais, de grâce, encore une fois, ne lui donnez pas d'autres préoccupations; abolissez les pensionnats dans nos colléges communaux.

Je sais que l'entreprise est difficile, que beaucoup

de préjugés et même d'intérêts privés respectables s'y opposent. Que ferez-vous, par exemple, d'une partie des bâtiments construits à grands frais, des dortoirs et des réfectoires, de la lingerie et de l'infirmerie, devenus inutiles par la suppression du pensionnat? Je vais vous le dire; écoutez-moi : Vous n'avez peut-être pas de salles de récréations ou de préaux couverts pour les mauvais temps, point de local pour une bibliothèque; point de salle assez vaste pour les réunions publiques, pour les examens, par exemple, de fin d'année et pour les distributions de prix; vous aurez encore besoin, si vous entrez dans mes vues, d'un local pour l'établissement d'un musée et des petits ateliers dont j'ai parlé. Eh bien, vous trouverez dans vos dortoirs, vos réfectoires, votre lingerie et votre infirmerie un emplacement pour satisfaire à tous ces besoins. Auriez-vous une partie des bâtiments qui resteraient inoccupés? Aménagez-les pour faire des logements, que vous offrirez aux professeurs à des prix modérés. Toutes ces transformations seront peu coûteuses; les dépenses en seront couvertes en partie par la vente de la literie, des tables, des bancs, du mobilier de la lingerie et de l'infirmerie.

Il y a un autre motif qui s'oppose à l'abolition du pensionnat, le préjugé généralement répandu qu'un collége ne prospère qu'autant qu'il a un grand nombre de pensionnaires : d'où il résulte que, d'un côté, les villes s'engagent si facilement à faire d'énormes sacrifices pour édifier leurs colléges et leur donner un aspect qui flatte les parents, que d'un autre côté, les Principaux, soit dans leur intérêt personnel, soit dans celui des professeurs dont le sort est attaché à la prospérité de l'établissement qui, faute de pensionnaires, pourrait être supprimé en totalité ou en partie au renou-

vellement de la période quinquennale, font tant de
démarches et d'efforts, tant de concessions quelquefois
pour lutter contre les maisons rivales, attirer à eux
les élèves et augmenter le plus possible le nombre de
leurs pensionnaires.

Mais quand le collége aura été fortement organisé,
en vue seulement de l'éducation morale et intellectuelle des élèves, sous la direction d'un Principal instruit et consciencieux, et de professeurs sortis d'une
école pédagogique qui les aura formés à l'art difficile
d'enseigner; quand il offrira aux pères de famille tous
les avantages de l'éducation publique par le séjour,
toute la journée, de leurs enfants au collége, et ceux
de la vie de famille par leur retour, chaque soir, à la
maison paternelle; qu'ils auront ainsi les moyens as-
surés de reconnaître les dispositions réelles de leurs
enfants et de les préparer à la carrière qu'ils jugeront
à propos de leur faire suivre; quand le collége sera, enfin, une institution vraiment démocratique, c'est-à-dire
un établissement ouvert à tous, sans distinction de
rang social, d'opinions politiques ou religieuses, mais
sous le contrôle de l'Etat par ses inspecteurs, de l'autorité municipale par son bureau d'administration et
ses rapports continuels avec le collége, des parents eux-
mêmes, témoins journaliers de la conduite, du travail
et des progrès de leurs enfants, en vérité, ce préjugé
attaché au pensionnat, cause presque unique des dis-
sensions et des rivalités qui divisent le corps ensei-
gnant, tombera devant l'évidence des services qu'une
telle organisation des colléges peut rendre à la société.

Et alors encore la liberté d'enseignement, si pré-
cieuse, mais si difficile à concilier avec les prétentions
et les aspirations souvent opposées des partis qui
partagent la nation en autant de fractions ennemies,

n'aura plus d'entraves, plus d'autres limites dans son développement que la loi et les droits de l'Etat, seul juge des conditions qu'il met à l'entrée des carrières dont il a la responsabilité, à qui seul absolument appartient aussi la collation des grades.

Pour que les colléges communaux dont je viens d'exposer l'organisation nouvelle produisent les résultats que j'en espérerais, il y a de la part de l'Etat un engagement à prendre, celui d'apporter dans le choix de nos professeurs la même sollicitude que pour les lycées. Là est la vraie difficulté. Plusieurs tentatives ont été faites dans ce sens et sous différents régimes, mais sans succès. Le personnel de nos colléges se recrute toujours parmi les maîtres d'études et les répétiteurs des lycées, dont aucun n'a passé par une école spéciale, dont un très petit nombre ont le grade de licencié. Aussi les méthodes sont-elles défectueuses, incohérentes d'une classe à l'autre, chaque professeur ayant la sienne, qui n'est, pour la plupart d'entre eux, qu'une routine commode dont ils essaient rarement de sortir. Ce n'est pas un enseignement qu'ils donnent, c'est un programme officiel qu'ils suivent tant bien que mal, l'explication de quelques auteurs latins et grecs, à l'aide, souvent, de traductions, sans études préalables et approfondies des textes. Ne les blâmons pas, ils n'ont pas été préparés à l'enseignement, et ils font consciencieusement tout ce qu'ils peuvent.

Comment remédier à ce fâcheux état des choses? J'ai déjà proposé, dans les pages qu'on vient de lire, tant d'innovations qu'on jugera téméraires et impossibles, émis tant d'idées de réformes qui paraîtront inacceptables parce que je n'aurai pas su en démontrer l'utilité; je m'expose à blesser tant d'intérêts et d'amour-propres, à susciter peut-être contre moi tant

d'inimitiés qui m'affligeront, que plus j'avance vers
la fin de mon entreprise, plus je sens mon courage
faiblir... *Sursum corda!* Le désir seul du bien m'a-
nime : essayons de dire, en quelques mots, comment
il me paraît qu'il serait possible au gouvernement de
donner de vrais professeurs à nos colléges communaux.

CHAPITRE CINQUIÈME

DU RECRUTEMENT DES PROFESSEURS

L'enseignement public en France se divise en
enseignements supérieur, secondaire, primaire, pro-
fessionnel, tous sous la direction ou la surveillance de
l'Etat, qui, tout en accordant une pleine et entière
liberté, s'est réservé, néanmoins, « le droit et le
devoir de maintenir ses établissements scolaires, et
d'offrir à la jeunesse un large système d'instruction
nationale » (Rouland), « de la préparer ainsi à toutes
les professions savantes, à toutes les influences so-
ciales » (Villemain). A l'Etat appartiennent encore
le droit et le devoir de déterminer le degré d'instruction qu'il juge nécessaire pour être admis dans les
emplois publics, ou dans les carrières qui exigent,
pour la sécurité de tous, des garanties sérieuses de
savoir et de capacité.

Aussi, pour chaque ordre d'enseignement, l'Etat a
ses écoles spéciales : écoles de droit et de médecine;

écoles polytechnique, militaire, navale, etc. Pour l'enseignement des lettres et des sciences, il a son école normale supérieure et ses écoles normales primaires. Mais pour l'enseignement secondaire, c'est l'école normale supérieure qui, seule, est chargée de former des professeurs pour les lycées de Paris et des départements, mais non pour les collèges communaux. Voilà le mal, la lacune à combler, et il y a urgence, car dans les collèges sont élevés les enfants des classes moyennes, les fils des petits propriétaires, des négociants, des fonctionnaires modestes de l'Etat, des artisans aisés. Tous devront avoir un jour leur part d'influence sur les destinées du pays par le suffrage universel, et contribuer, par leur instruction, leurs idées saines et larges, résultat de l'éducation qu'ils auront reçue, à l'apaisement des passions haineuses, impolitiques, détestables, qui troublent et divisent encore la nation, alors qu'elle aurait tant besoin de calme et de repos après tant de souffrances !

Il y a donc nécessité de modifier l'organisation de nos écoles normales.

Voici, qu'on me pardonne ma témérité, ce que j'oserais proposer.

Paris est le centre des lumières, le séjour préféré des savants les plus illustres; le siége des académies, de l'Institut, des réunions des congrès et des sociétés savantes; le foyer des sciences, des lettres et des arts, où se nourrit et d'où rayonne le génie civilisateur de la France, pour éclairer et féconder la culture de l'esprit dans la province et faire sentir de plus en plus sa bienfaisante influence dans le monde entier.

1º C'est à Paris que doit être l'Ecole normale supérieure. Elle serait annexée à l'Ecole des hautes études, création de M. Duruy, nom cher à l'Université, sous la direction d'un professeur de la Sorbonne, du Collége de France ou d'un membre de l'Institut. A cette école ne seraient admis, après concours, que les candidats munis du diplôme de licencié ès-lettres ou ès-sciences, pour en sortir docteurs et agrégés des facultés des lettres et des sciences. C'est parmi les élèves sortis de l'Ecole normale supérieure que seraient choisis, en cas de vacance, et selon le mérite de leurs travaux littéraires ou scientifiques et le nombre de leurs années de service, les inspecteurs généraux, les recteurs d'académie, les maîtres de conférences à l'Ecole normale supérieure, les professeurs de facultés des lettres et des sciences, les agrégés près de ces facultés, les proviseurs et les censeurs, ainsi que les professeurs des hautes classes des lycées de Paris, les jeunes gens envoyés en mission scientifique à l'étranger.....

2° Dans tous les chefs-lieux d'académie serait établie une école normale secondaire, où ne seraient admis, après concours et selon les besoins, que les candidats munis du diplôme de bachelier ès-lettres ou ès-sciences, pour en sortir licenciés et agrégés des lettres, des sciences ou de grammaire.

C'est parmi les élèves sortis de cette école que seraient choisis, en cas de vacance, et d'après le nombre d'années de service, les inspecteurs d'académie, les proviseurs et les censeurs des lycées, les principaux de collége, les professeurs des lycées et des colléges de l'académie, les directeurs des écoles normales primaires.

Cette école serait sous la direction d'un professeur de faculté, secondé d'un maître de conférences sorti de l'Ecole normale supérieure. Elle serait organisée exclusivement en vue de l'enseignement. Outre les cours de facultés auxquels tous les élèves seraient te-

nus de se faire inscrire, selon le mode d'enseignement
auquel ils se destineraient, et de faire après chaque
leçon un résumé écrit de cette leçon, qu'ils remet-
traient ensuite au professeur, il y aurait dans l'intérieur de l'école différents cours en vue de la licence, et
surtout des cours de pédagogie, pour préparer au professorat.

A la fin de chaque année d'études, il y aurait un
examen pour le classement des élèves, leur maintien à
l'école ou leur non-admission l'année suivante, et à la
fin de la dernière année d'études, un examen de sortie
pour le classement des élèves selon leur mérite.

C'est parmi les premiers inscrits sur cette liste dans
toutes les écoles normales secondaires de la Républi-
que, que seraient choisis, d'après les notes des inspecteurs généraux, et après un certain nombre d'années
d'exercice dans les lycées ou les collèges, les professeurs
des classes de grammaire dans les lycées de Paris.

3° Dans tous les chefs-lieux de département serait
établie une école normale primaire, où ne seraient
admis, après concours et selon les besoins, que les
candidats munis du diplôme de grammaire, obtenu à
la fin de la quatrième dans les lycées et les collèges
communaux, pour en sortir avec le brevet de capacité
de premier ou de second degré.

4° Enfin l'école normale professionnelle serait à
Cluny, autre création de M. Duruy. Pour y être admis,
après concours, il faudrait être également muni du
diplôme de grammaire dont j'ai parlé.

Je n'entrerai pas dans le détail de l'organisation de
ces deux dernières écoles, les données nécessaires me
manquent. Je dirai seulement pourquoi j'exigerais le
diplôme de grammaire pour être admis à l'école normale primaire.

Il est certain que pour apprendre à lire et à écrire aux enfants et pour leur enseigner les premiers éléments du calcul, ce en quoi consiste surtout l'instruction que les parents désirent, il ne faut pas un grand savoir : de la douceur, de la patience, une certaine habitude de manier les enfants, suffisent. Mais là ne se borne pas le rôle de l'instituteur; sa mission est plus étendue et vise plus haut. Ce n'est pas seulement l'instruction primaire proprement dite qu'il doit aux enfants qui lui ont été confiés par les familles; il doit encore et tout particulièrement s'occuper de leur éducation, former leur jugement, exercer et développer leur raison, amender, épurer leurs sentiments, leur inculquer aussi profondément que possible des principes de saine morale, qui les sauvegardent de l'influence de mauvais camarades ou de leur propre entraînement naturel au mal. Il faut que, par lui, les parents soient mieux obéis de leurs enfants et toujours respectés. Le sentiment du devoir existe chez les enfants; la tâche de l'instituteur est encore de le développer le plus possible et de leur prouver, par l'expérience qu'ils en feront eux-mêmes, que dans l'observation du devoir est la plus sensible joie qu'on puisse goûter, la récompense la plus rémunératrice des efforts et des sacrifices qu'une bonne action exige quelquefois de nous.

Ces enfants, arrivés à l'âge de 16 à 18 ans, assisteront pour la plupart à l'école du soir, où, sous la parole plus libre et plus expansive du maître qui les aura formés, ils recevront le complément de leur première éducation. Ils y entendront, en effet, traiter de questions qui étaient au-dessus de leur âge, ayant rapport aux intérêts du plus grand nombre, et qui les touchent maintenant de plus près : des meilleures méthodes de culture, par exemple, des soins à donner aux jardins et à la taille de arbres, de l'arpentage et du partage des propriétés, ainsi que des lois de succession, des associations agricoles et de secours mutuels ; quelquefois, encore, de la division des pouvoirs publics, qu'il faut bien qu'ils connaissent, des devoirs des citoyens à l'époque surtout des élections municipales et législatives, car tout en s'abstenant rigoureusement de figurer dans aucun des partis qui diviseraient la commune, il peut, il doit même éclairer les habitants sur leurs véritables intérêts, les élever au-dessus des haines et des préjugés, chercher enfin à rétablir la concorde parmi eux, en leur persuadant « qu'il faut respecter les opinions d'autrui pour obtenir qu'on respecte ses convictions, et remplir ses devoirs si l'on veut être écouté quand on parle de ses droits. » (Michel Bréal.)

Ainsi, l'instituteur, le *magister du village,* du beau nom qu'on lui donnait autrefois, aura été l'éducateur de l'enfance et de la jeunesse, et deviendra le guide, le conseiller des adultes et des hommes faits, et par son savoir et sa prudente conduite, l'arbitre recherché et respecté dans tous les différends. Quel beau rôle ! quelle grande mission ! Voilà pourquoi j'exigerais le diplôme de grammaire pour l'admission à l'école normale primaire, parce que ce diplôme témoigne d'une culture d'esprit bien dirigée, d'un jugement déjà sûr, d'une raison exercée par l'habitude de l'attention et de la réflexion, toutes qualités résultant de l'éducation intellectuelle donnée dans nos collèges et qui, entretenant en eux le goût de l'étude et des choses sérieuses, les disposent mieux aux leçons de l'école et à ces grandes et difficiles fonctions d'instituteur qui, dignement remplies, peuvent avoir une si heureuse influence sur les destinées du pays.

Mais je m'aperçois que depuis trop longtemps déjà je sors de ma sphère. Arrêtons-nous ; aussi bien, il est temps de résumer en quelques lignes les principales dispositions de ce travail.

RÉSUMÉ

Dans l'avant-propos, j'ai établi la démarcation qui doit être faite entre l'éducation et l'instruction, toutes deux inséparables cependant, parce qu'elles se soutiennent mutuellement et se font mieux valoir l'une et l'autre.

En parlant de l'éducation religieuse, j'ai montré qu'elle devait être unie à l'éducation morale et qu'elle était nécessaire pour donner aux enfants la force et le courage de résister aux mauvais penchants de leur nature, d'accomplir dans toutes les circonstances leurs devoirs envers Dieu et leurs semblables.

Quant à l'instruction religieuse, je lui ai fait sa part de chaque jour et avant l'ouverture des classes, afin de la séparer plus complètement de l'instruction classique, et respecter ainsi la liberté de conscience des pères de famille.

Passant ensuite à l'éducation intellectuelle, j'ai cherché à justifier les améliorations que je crois utile d'introduire dans l'organisation et dans l'enseignement de nos classes de grammaire, en réduisant d'abord à deux les professeurs de latin et de français, en indiquant ensuite le but spécial que doit avoir l'ensei-

gnement du latin , et les avantages qu'on en peut
retirer dans chaque classe pour le développement des
facultés de l'esprit et la connaissance plus approfondie
de notre propre langue.

Enfin, pour l'éducation physique, j'ai demandé
qu'elle fût confiée à un maître particulier, nommé par
l'Etat au même titre et dans les mêmes conditions
pour la retraite que les autres professeurs.

Dans le chapitre qui traite de l'instruction proprement dite, j'ai proposé, pour l'enseignement de l'histoire notamment et des langues étrangères, des réformes
que je crois urgentes et qu'il me paraîtrait facile d'introduire dans nos classes. J'ai dit ensuite les raisons
qui me faisaient désirer une innovation, difficile peut-
être à faire accepter, l'établissement dans nos colléges
de petits ateliers et d'un musée collégial.

Puis, passant à deux questions très importantes, des
maîtres d'études et du pensionnat dans les colléges,
j'ai montré l'avantage qu'il y aurait, pour la première
question, à remplacer les maîtres d'études par des
maîtres auxiliaires qui, sous la direction du Principal,
seraient chargés de la surveillance des études à tour
de rôle et de remplacer les professeurs en cas d'ab-
sence.

Pour la seconde question, j'ai cherché à établir que
la ville, en prenant le pensionnat à sa charge, ne pou-
vait qu'y perdre, et qu'en abandonnant au Principal
le bénéfice de sa gestion en guise de traitement, on
nuisait forcément aux études, on changeait la nature
des fonctions, on les rabaissait, et qu'il valait mieux,
dans l'intérêt de la ville, des parents et des Principaux
eux-mêmes, imiter ce qui se fait en Allemagne et en
d'autres pays, confier les enfants du dehors, soit aux
professeurs eux-mêmes, soit à des familles de la localité

qui en feraient la demande au Principal, soit encore à des pensions privées, sous la surveillance et la direction d'une association de pères et de mères de famille.

J'ai montré ensuite que le Principal, libre alors de tout souci du pensionnat, n'aurait plus qu'à s'occuper, au grand profit des élèves, de leur éducation intellectuelle et morale, de la direction des études et des améliorations à apporter dans toutes les branches de l'enseignement.

D'où j'ai conclu que les rivalités entretenues par le pensionnat entre les différents établissements d'instruction cesseraient faute d'aliments, et qu'alors la liberté d'enseignement, se conformant plus facilement aux prescriptions de la loi et respectant mieux les droits de l'Etat, n'inspirerait plus les inquiétudes qu'elle fait naître aujourd'hui.

Enfin, en parlant du recrutement des professeurs, j'ai demandé, ou plutôt j'ai émis le vœu qu'il y eût pour l'instruction secondaire une école normale spéciale dans tous les chefs-lieux d'académie, et touchant, à ce propos, aux écoles normales primaires, j'ai montré que si je demandais, pour l'admission à cette école, le diplôme de grammaire, c'était en raison des si graves et si importantes fonctions de l'instituteur, dont je me suis fait peut-être un idéal exagéré, mais dont l'influence, dans l'état actuel des esprits et sous un gouvernement sincèrement républicain, pourrait être des plus profitables.

Je dois dire encore, n'en ayant pas trouvé l'occasion dans le cours de mon exposé, les motifs qui m'ont fait distribuer les différentes occupations de la journée ainsi que l'indique le tableau ci-joint.

On y remarquera que les classes de latin sont de

deux heures et qu'il n'y en a qu'une par jour, tandis que les autres classes ne sont que d'une heure, mais ont lieu également tous les jours. Cette différence dans le temps plus long que j'accorde aux classes de latin se justifie par l'importance que j'attache à l'éducation intellectuelle, qui, s'adressant à toutes les facultés de l'esprit, prépare le mieux aux autres études. Dans ces classes, en effet, l'enfant doit prendre des habitudes, une méthode dans le travail intellectuel, qui ne peut s'acquérir que sous une direction toujours la même et par des exercices fréquents immédiatement après la leçon ou l'explication. Les classes de latin sont, dans mon système, des espèces de conférences familières, dans lesquelles les élèves doivent avoir le plus souvent la parole, et pour devoir, après la classe, à reproduire seulement par écrit, pendant l'étude, le résumé, dans leurs réponses par écrit aux questions dictées par le professeur, des choses nouvelles qu'ils ont apprises. Dans les autres classes d'une heure seulement, la méthode doit se rapprocher autant que possible de la méthode suivie pour l'enseignement du latin ; mais, comme elles reviennent aux mêmes heures pendant les cinq jours de la semaine, une ou deux de ces classes pourraient être employées, au gré du professeur et selon le besoin qu'il en sentirait, à exercer les enfants, notamment pour les mathématiques, à résoudre, soit de vive voix, soit par écrit sur le tableau, la solution des problèmes, ou faire le résumé de la leçon donnée la veille. Mais aux heures d'études, il ne faut rien laisser, au moins dans les deux premières classes de grammaire, à l'initiative des enfants, parce que ce serait les exposer à prendre de fausses habitudes de travail et à perdre beaucoup de temps.

Telles sont les raisons qui m'ont fait adopter cette

distribution des occupations de la journée. Elles sont le résultat de la connaissance qu'il m'a été donné d'acquérir par une longue expérience des dispositions naturelles des enfants et de la défectuosité des méthodes généralement suivies dans nos colléges.

J'ai réservé aussi une heure de temps les jeudis et les dimanches, ainsi qu'on le verra sur le tableau, pour des lectures à haute voix, qui, bien faites, sous la direction d'un bon maître, peuvent être une excellente occasion pour lui de faire sentir aux enfants les beautés de notre langue et de leur donner le goût des saines lectures.

A ce tableau des occupations de la journée, j'ai cru devoir en ajouter deux qui ne se trouvent dans aucune grammaire, celui de l'emploi du cas et celui des conjugaisons, qui feront mieux comprendre le peu de mots que j'ai dits au commencement de mon exposé, au sujet de ma méthode.

Enfin, un troisième tableau de l'instruction publique divisée en ses différents degrés et des droits que chacun de ces degrés confère ou devrait conférer, résumé de ma pensée sur l'organisation des différentes écoles normales dont j'ai parlé.

Arrivé à la fin de ma téméraire entreprise et considérant le cadre que j'ai embrassé, les questions élevées, délicates et difficiles qui y sont traitées avec si peu d'autorité et de talent, je ne me dissimule pas que ce travail, consciencieux cependant et résultat d'une expérience de quarante années de ma vie dans le professorat et la direction de différents colléges, aura de la peine à fixer l'opinion publique. Je ne l'aurais pas même essayé, si, dans ce moment où les questions de réforme dans l'enseignement sont à l'ordre du jour, je

n'avais regardé comme un devoir de faire un dernier
et suprême effort en faveur de nos colléges commu-
neux. Quoi qu'il en soit, j'espère, qu'on me le pardonne ! que quelques idées au moins se détacheront de
ce travail informe pour se fixer dans des esprits médi-
tatifs, où, comme des germes féconds, nourris dans une
terre mieux cultivée, elles produiront les fruits les
plus abondants et les meilleurs.

Et maintenant que ma conscience est tranquille,
mon cœur satisfait, je rentre avec bonheur dans la
paisible obscurité qui convient à ma condition et à mon
âge, laissant à l'autorité supérieure, à laquelle je sou-
mets ce dernier gage de mon dévouement à l'Université, le soin d'apprécier la valeur de mon œuvre et ce
qu'elle peut avoir d'utilité pratique pour nos colléges
communaux.

AUGUSTE MAGNIEN,

Officier de l'Instruction publique.

Trémont près Tournus, le 1er décembre 1879.

1er TABLEAU. — DES OCCUPATIONS DE LA JOURNÉE POUR TOUTES LES CLASSES

CLASSES	LATIN		HISTOIRE		LANGUES VIVANTES		MATHÉMATIQUES		ÉCRITURE, DESSIN		ÉTUDES	Récréations Gymnastique	EXERCICES manuels	TENUE DES LIVRES Législation commerciale
	matin	soir	matin	soir	matin	soir	matin	soir	matin	soir				
Septième	8 à 10	»	»	3 à 4	»	2 à 3	11 à 12	»	10 à 11	»	de 1h 1/2 à 2h et de 5h à 6h 1/2 du soir	de midi à 1h 1/2 et de 4 à 5h du soir	de 6h 1/2 à 7h 1/2 musique vocale et instrumentale; danse à la même heure	de 5 à 6h du soir le mercredi et le samedi pour les élèves de 4e
Sixième	»	2 à 4	9 à 10	»	11 à 12	»	8 à 9	»	10 à 11	»				
Cinquième	8 à 10	»	»	2 à 3	10 à 11	»	»	3 à 4	11 à 12	»				
Quatrième	»	2 à 4	8 à 9	»	9 à 10	»	10 à 11	»	11 à 12	»				

RÉSUMÉ

```
Heures de classes par jour . . . . . . . . . . . . . . . . . . . . .   6
    —      d'études. . . . . . . . . . . . . . . . . . . . . . . . .   2
    —      de récréations. . . . . . . . . . . . . . . . . . . . . .   2 1/2
    —      d'exercices manuels. . . . . . . . . . . . . . . . . . . .   1
                                                                      ______
              Total. . . . . . . . . . . . . . . . . . . . .  11 1/2
```

<table>
<tr><td rowspan="10">JOURS de CONGÉ</td><td rowspan="5">JEUDI</td><td>de 8 à 10 h. messe et conférences, et pour les autres élèves, de 9 à 10 h. étude libre, de 10 à 11 h. gymnastique, danse, escrime, exercices militaires.</td></tr>
<tr><td>de 11 à 12 h. lecture à haute voix, chaque classe sous la direction d'un professeur.</td></tr>
<tr><td>de 2 à 4 h. promenade, visite dans les usines, et, s'il fait mauvais temps, exercices manuels.</td></tr>
<tr><td>de 5 à 6 h. étude libre.</td></tr>
<tr><td>de 6 à 7 h. 1/2, musique, danse, exercices manuels.</td></tr>
<tr><td rowspan="5">DIMANCHE</td><td>de 8 à 10 h. messe et conférences (comme le jeudi).</td></tr>
<tr><td>de 11 à 12 h. lecture à haute voix.</td></tr>
<tr><td>de 2 à 4 h. vêpres et promenade (comme le jeudi).</td></tr>
<tr><td>de 5 à 6 h. étude libre.</td></tr>
<tr><td>à 6 h. congé. — Ateliers fermés le dimanche.</td></tr>
</table>

			Prépositions précédant certains cas
NOMINATIF	représente	le sujet de la proposition.	
VOCATIF..	représente	la personne qu'on invoque, qu'on appelle directement.	
		1. le complément direct des verbes actifs et de la plupart des verbes déponents.	
		2. la personne ou la chose vers laquelle on se dirige, on est porté______	*ad*
ACCUSATIF	représente	3. le lieu dans lequel on entre, sur lequel, au-dessus et au-dessous duquel on va______	*in, super*
		4. le temps dans l'espace duquel on fait quelque chose.	*intrà*
		5. le lieu par où l'on passe______	*per*
		6. le sujet d'une proposition infinitive.	
		1. le complément déterminatif d'un nom.	
GÉNITIF..	représente	2. le complément des superlatifs et des noms partitifs (se mettent aussi à l'ablatif avec *è* ou *ex*).	
		3. la dépendance, la possession, le désir, l'intérêt, le repentir, la qualité, la quantité, l'estime.	
		1. la personne ou la chose à laquelle on donne, on dit, on promet, on obéit, on résiste.	
		2. la personne ou la chose en faveur de laquelle on fait quelque chose.	
DATIF....	représente	3. la personne ou la chose à laquelle on est utile, favorable, contraire, semblable, allié.	
		4. la personne ou la chose à laquelle on commande, on est soumis.	
		5. la personne ou la chose au devant de laquelle on va.	*obviam*
		1. la personne ou la chose dont on s'éloigne, on se sépare, d'auprès de laquelle on vient______	*a, ab* / *e, ex*
		2. la personne ou la chose dont on reçoit, on obtient, on espère______	*a, ab* / *e, ex*
		3. la personne ou la chose à qui on demande, on achète, on emprunte______	*a, ab*
		4. le lieu où l'on est, sur lequel, au dessus, au dessous duquel on est______	*in, sub* / *super*
		5. le complément des verbes passifs (si ce complément est un nom de personne).	*a, ab*
ABLATIF..	représente	6. la manière dont on fait une chose.	
		7. la matière dont on fait une chose______	*è, ex*
		8. l'instrument avec lequel on fait une chose.	
		9. la cause pour laquelle on fait une chose.	
		10. la partie par laquelle on tient une personne ou une chose.	
		11. la chose dont on manque, on abonde, on remplit, on a besoin.	
		12. la chose ou la personne dont on use, on jouit, on se nourrit, on se glorifie.	
		13. la mesure, la distance, le prix, la valeur d'une chose.	
		14. le second terme d'une comparaison (complément du comparatif exprimé par un seul nom).	

OBSERVATION. — Sur une page annexée à ce tableau, sont recueillis chaque jour les cas qui se rattachent à la SYNTAXE PARTICULIÈRE, à mesure qu'ils se rencontrent dans l'explication de l'auteur.

1re SÉRIE — temps non personnels

TEMPS	1re CONJUGAISON	2e CONJUGAISON	3e CONJUGAISON	4e CONJUGAISON	VERBE
infinitif	—āre—	—ēre—	—ĕre—	—īre—	—esse—
participe	ans, antis (se décline)	ens, entis (se décline)	ens, entis (se décline)	iens, ientis (se décline)	
...e futur (passif)	andus, anda, andum (se décline)	endus, enda, endum (se décline)	endus, enda, endum (se décline)	iendus, ienda, iendum (se décline)	
fs	andi, ando, ad andum	endi, endo, ad endum	endi, endo, endum (ad)	iendi, iendo, ad iendum	

1re SÉRIE — temps personnels

1re CONJUGAISON

TEMPS			Sing. / Plur.			
indicatif	o	as	at	amus	atis	ant
subjonctif	em	es	et	emus	etis	ent
...it indicatif	abam	abas	abat	abamus	abatis	abant
...t subjonctif	arem	ares	aret	aremus	aretis	arent
...dicatif	abo	abis	abit	abimus	abitis	abunt
if (impératif)		a ou ato	ato	emus	ate ou atote	anto

2e CONJUGAISON

TEMPS						
indicatif	eo	es	et	emus	etis	ent
subjonctif	eam	eas	eat	eamus	eatis	eant
...it indicatif	ebam	ebas	ebat	ebamus	ebatis	ebant
...t subjonctif	erem	eres	eret	eremus	eretis	erent
...dicatif	ebo	ebis	ebit	ebimus	ebitis	ebunt
if (impératif)		e ou eto	eto	eamus	ete ou etote	ento

3e CONJUGAISON

TEMPS						
indicatif	o	is	it	imus	itis	unt
subjonctif	am	as	at	amus	atis	ant
...it indicatif	ebam	ebas	ebat	ebamus	ebatis	ebant
...t subjonctif	erem	eres	eret	eremus	eretis	erent
...dicatif	am	es	et	emus	etis	ent
if (impératif)		e ou ito	ito	amus	ite ou itote	unto

4e CONJUGAISON

TEMPS						
indicatif	io	is	it	imus	itis	iunt
subjonctif	iam	ias	iat	iamus	iatis	iant
...it indicatif	iebam	iebas	iebat	iebamus	iebatis	iebant
...t subjonctif	irem	ires	iret	iremus	iretis	irent
...dicatif	iam	ies	iet	iemus	ietis	ient
if (impératif)		i ou ito	ito	iamus	ite ou itote	iunto

VERBE (esse) — 1re série

TEMPS						
indicatif	sum, es, est, sumus, estis, sunt					
subjonctif	sim, sis, sit, simus, sitis, sint					
...it indicatif	eram, eras, erat, eramus, eratis, erant					
...t subjonctif	essem, esses, esset, essemus, essetis, essent					
...dicatif	ero, eris, erit, erimus, eritis, erunt					
if (impératif)	es ou esto, esto, simus, este ou estote, sunto					

2e SÉRIE — temps personnels (terminaisons communes à toutes les conjugaisons)

TEMPS						
infinitif	—isse—					
indicatif	i	isti	it	imus	istis	erunt ou ere
subjonctif	erim	eris	erit	erimus	eritis	erint
...parfait indicatif	eram	eras	erat	eramus	eratis	erant
...parfait subjonctif	issem	isses	isset	issemus	issetis	issent
...térieur	ero	eris	erit	erimus	eritis	erunt

VERBE (esse) — 2e série

TEMPS	
infinitif	—fuisse—
indicatif	fui, fuisti, fuit, fuimus, fuistis, fuerunt ou fuere
subjonctif	fuerim, fueris, fuerit, fuerimus, fueritis, fuerint
...parfait indicatif	fueram, fueres, fuerat, fueremus, fueretis, fuerent
...parfait subjonctif	fuissem, fuisses, fuisset, fuissemus, fuissetis, fuissent
...térieur	fuero, fueris, fuerit, fuerimus, fueritis, fuerint

3e SÉRIE — Supin

TEMPS	1re CONJUGAISON	VERBE
Supin	—um—	
...futur (actif)	urus, ura, urum (se décline)	futurus, futura, futurum (se décline)
...nitif	urum, uram, urum / uros, uras, ura } esse	futurum, futuram, futurum / ou futuros, futuras, futura } esse
...térieur infinitif	urum, uram, urum / uros, uras, ura } fuisse	...uturum, futuram, futurum / ... futuros, futuras, futura } fuisse
...passé (passif)	us, a, um (se décline)	

Remarque. — Les terminaisons de la 2e série sont les mêmes à toutes les conjugaisons.

—Voix passive—

1re série. — Les temps de la 1re série se forment en changeant les Personnatives des temps correspondants de l'Actif, ainsi qu'il suit :

	Singulier	Pluriel
1re personne	o — or ou m — r	mus ou mur
2e personne	s en ris ou re	tis ou mini
3e personne	t en tur	nt ou ntur

Exceptions. — Au présent de l'Indicatif 3e conjugaison et au futur des 2 premières conjugaisons, changez *is* en *eris* ou *ere*; — à l'Impératif, ajoutez *re* et jamais *ris*; — à la 3e personne, singulier et pluriel, ajoutez *r*.

2e série. — Les temps de la 2e série sont composés, comme en français, du participe passé et d'un temps correspondant du verbe *sum*. Exemple : j'ai été aimé, *fui amatus*; nous avons été aimés, *fuimus amati*. En certains cas et selon l'idée, on remplace le parfait du verbe *sum* par le présent de l'Indicatif: *amatus sum, amati sumus*.

3e série. — Le supin passif se forme en retranchant *m* du *supin* actif. — Les autres temps de la 3e série se forment comme il a été indiqué entre parenthèses dans le tableau de l'Actif.

DEGRÉS	DÉNOMINATION	AGE (1)	SANCTION	DROITS (2)
1ᵉʳ	INSTRUCTION PRIMAIRE	de 5 ou 6 à 9 ou 10 . .	Certificat d'instruction élémentaire.	D'admission aux classes des lycées et des collége
2ᵉ	INSTRUCTION SECONDAIRE — Classe de grammaire { Septième. . / Sixième . . / Cinquième. / Quatrième.	de 9 ou 10 à 13 ou 14. /	Diplôme de grammaire	D'admission aux classes d'humanités, à l'éco normale primaire, aux examens de l'éco navale; aux écoles professionnelles, industr elles, etc.; aux stagiats d'avoué, de notaire, greffier.
	Classe d'humanité { Troisième . / Seconde. . / Rhétorique	de 13 ou 14 à 16 ou 17 /	Certificat d'instruction secondaire	D'admission à la classe de philosophie.
	Classe de Philosophie.	de 16 ou 17 à 17 ou 18	Diplôme de bachelier.	Aux fonctions d'inspecteur des écoles primaire de secrétaire d'académie; aux examens de l'é cole normale secondaire, polytechnique, mil taire, centrale, forestière, des mines, d chartes, de droit, de médecine.
3ᵉ	INSTRUCTION SUPÉRIEURE	de 17 ou 18 à 22 ou 23	Diplôme de licencié. .	D'admission à l'école normale supérieure; au concours d'agrégation des lettres, sciences de grammaire; aux fonctions d'inspecteur d' cadémie, de proviseur et de censeur des lycée de principal de collége, de professeur de lyc et de collége, de directeur d'école norma primaire.
4ᵉ	HAUTES ÉTUDES.	de 22 ou 23 à	Diplôme de docteur. .	Aux fonctions d'inspecteur général, de recte d'académie, de directeur de l'école norma supérieure, de maître de conférences d'éco normale secondaire, de professeur de facul des lettres et des sciences, d'agrégé près ces facultés, de professeur des hautes class des lycées de Paris, d'envoyé en mission scie tifique à l'étranger.

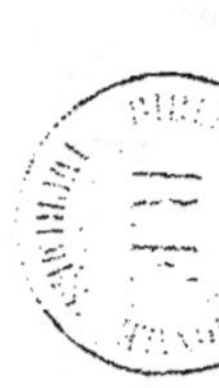

OBSERVATIONS. — 1° D'après ce tableau, chaque degré d'instruction aurait sa sanction, ses limites et son but bien déterminé, *préparation à un degré d'instruction plus élevé.* Ainsi l'école primaire pour les éléments, les colléges et les lycées dans leurs d sections de grammaire et d'humanité, seraient des établissements distincts pour chaque degré d'instruction, et l'on ne verrait plus grands colléges surtout, et même certains lycées, s'annexer, dans le seul but d'avoir plus d'élèves et particulièrement plus de pensi naires, des écoles soi-disant professionnelles, préparatoires, et jusqu'à des écoles primaires; à chaque établissement, à chaque profess sa spécialité, et les études y gagneraient bien certainement.

2° Par cette organisation des études, les parents seraient instruits dès le début, après le résultat des examens pour le diplôme grammaire, des dispositions intellectuelles de leurs enfants, et le baccalauréat deviendrait, par la connaissance préalable que les ju auraient de l'instruction des candidats munis de leur dernier certificat d'études, une constatation véritable de leur savoir après l'exan de philosophie. Mais il faudrait, pour ne pas nuire aux établissements de l'Etat, que cette mesure fût générale, qu'elle fût prise pour t les candidats au baccalauréat, de quelque maison qu'ils vinssent, maisons universitaires, religieuses, congréganistes, maisons paterne mêmes, où l'instruction aurait été donnée par un précepteur.

Dans ma brochure sur la Liberté d'enseignement et le Baccalauréat, j'ai montré les moyens d'appliquer cette mesure. Ils sont pe être trop compliqués. On pourrait les remplacer par l'admission aux examens du baccalauréat des jeunes gens seulement qui serai munis du diplôme de grammaire et du certificat d'instruction secondaire, indiqués sur ce tableau.

Je crois que ces observations méritent, dans ce moment de crise, de fixer l'attention de notre courageux et consciencieux ministre l'instruction publique, M. Jules Ferry, et de tous les hommes compétents qui s'occupent de l'éducation de la jeunesse, c'est-à-dire l'avenir du pays.

NOTA. (1) L'âge n'est pas obligatoire pour l'admission à telle ou telle classe. J'ai voulu indiquer seulement le moment qui me paraît le plus favor pour commencer nos études classiques.

(2) Outre les diplômes des 3ᵉ et 4ᵉ degrés, il faudrait tenir compte, bien entendu, des travaux littéraires ou scientifiques des candidats et de leur nom d'années de service, ainsi que de leur âge, pour leur conférer les fonctions auxquelles ces diplômes donnent droit.